T. Bernhard, H. Böll,
W. Borchert, A. Döblin,
F. Dürrenmatt, G. B. Fuchs,
H. Hannover, P. Härtling,
H. Hesse, F. Kafka,
M. L. Kaschnitz, E. Kästner,
Klabund, R. Kunze

Kurzgeschichten

Einstieg in die Literatur
durch die Kurzgeschichte
Cinzia Medaglia

Redaktion : Renate Roettgen, Jacqueline Tschiesche
Projektleitung und Graphik : Nadia Maestri
Computerlayout : Sara Blasigh
Umschlagbild : A. Macke, *Seiltänzer*, 1914, Städtisches Kunstmuseum, Bonn

Erste Auflage: September 2003

e-mail: redaktion@cideb.it
www.cideb.it

ISBN 978-88-530-0052-1

Printed in Italy by Litoprint, Genoa

Inhaltsverzeichnis

Vorbemerkung

Die Kurzgeschichte ist wahrscheinlich eine der ältesten Formen des Erzählens. Der Erzähler will pointiert erzählen, Zuhörer oder Leser zum Lachen bringen, überraschen oder durch eine dramatisch schnelle Entwicklung bewegen.

Woher die Kurzgeschichte stammt, ist schwer zu sagen. Kommt sie aus Indien und hat sich von da aus, mitgebracht von Händlern und Gelehrten, im 12. Jahrhundert auch im Abendland verbreitet? Aber schon Herodot und Platon kennen und nutzen die Form der kurzen Erzählung. Handelt es sich also um eine europäische Tradition mit Wurzeln im antiken Ägypten oder Babylonien?

Wichtiger als die Frage der Herkunft ist jedoch die Tatsache, dass die kurze Erzählung schon seit langer Zeit fester Bestandteil der Welt mündlicher und schriftlicher Kommunikation ist.

Während die Kurzgeschichte als *novella* in Italien im Spätmittelalter eine Blütezeit erlebt, ist sie im deutschsprachigen Raum im zwanzigsten Jahrhundert eine überaus beliebte Form, und zwar vor allem, auch unter dem Einfluss der amerikanischen *short story*, nach dem Ende des Zweiten Weltkriegs. Die im vorliegenden Werk versammelten Kurzgeschichten gehören dieser modernen Tradition an. Sie sind durchwegs sehr kurz und sprachlich eher einfach abgefasst. Das dürfte den Lernenden einen ersten Zugang zur literarischen Form erleichtern. Diesem Ziel ist auch die Aufteilung des Buches in vier Bereiche untergeordnet. Dabei könnte man über die Kriterien und über die Zuordnung der einzelnen Texte natürlich geteilter Meinung sein. Als leitender Gesichtspunkt galten hier die hervorstechendsten Merkmale der einzelnen Geschichte und der Zusammenhang der einzelnen Kapitel. Letzten Endes stehen nicht Fragen der Ein- und Zuordnung im Mittelpunkt. Unser Ziel ist vielmehr, auch Lernende mit begrenzten Vorkenntnissen zum Lesen authentischer Texte anzuregen und sie für deutschsprachige Literatur und Kultur zu interessieren, wenn nicht zu begeistern.

Eine angenehme Lektüre wünscht Ihnen die Autorin.

Eine Welt voller Symbole

Franz Kafka

Gibs auf

1

Franz Kafka wurde 1883 als Sohn eines jüdischen Kaufmanns in Prag geboren. Er studierte an der deutschen Universität von Prag Jura, wurde Angestellter einer Versicherungsgesellschaft, betrachtete die Arbeit jedoch als ein Hindernis für seine Tätigkeit als Schriftsteller. Er erkrankte an Lungentuberkulose (1917) und wurde deshalb vorzeitig pensioniert. Er starb 1924 in einem Sanatorium bei Wien.

Kafka war einer der wichtigsten Wegweiser des Existenzialismus und Surrealismus.

Hauptwerke

Romane: *Amerika* (1927);

Der Prozeß (1927);

Das Schloß (1927)

Erzählungen: *Die Verwandlung* (1927)

Gibs auf

Es war sehr früh am Morgen, die Straßen rein und leer, ich ging zum Bahnhof.
Als ich eine Turmuhr mit meiner Uhr verglich[1], sah ich, dass es schon viel später war, als ich geglaubt hatte, ich mußte mich sehr beeilen, der Schrecken[2] über diese Entdeckung ließ mich im Weg unsicher werden, ich kannte mich in dieser Stadt noch nicht gut aus, glücklicherweise war ein Schutzmann in der Nähe, ich lief zu ihm und fragte ihn atemlos[3] nach dem Weg. Er lächelte und sagte: „Von mir willst du den Weg erfahren?" „Ja," sagte ich, „da ich ihn selbst nicht finden kann!" „Gibs auf, gibs auf," sagte er und wandte sich[4] mit einem großen Schwunge[5] ab, so wie Leute, die mit ihrem Lachen allein sein wollen.

F. Kafka, *Sämtliche Erzählungen,* Fischer Verlag, Frankfurt/Main, 1961.

Verständnis

Ergänze diese Zusammenfassung der Kurzgeschichte:

Ein Mann geht durch die .... Es ist .... und er muss den Bahnhof erreichen. Er verläuft sich, sieht aber einen .... und fragt ihn, wie er zum Bahnhof kommen kann.
Der .... sagt, er kann von ihm den Weg nicht erfahren und soll
....

Sage es mit anderen Worten

Wie steht es im Text?

1 Ich guckte auf meine Uhr und auf die Uhr des Turmes und sah: es war spät.

2 Ich wusste nicht mehr, wohin ich gehen sollte (welchen Weg ich nehmen sollte).

3 Und fragte: „Wie komme ich zum Bahnhof"?

---

1 **verglich** : Inf. vergleichen (verglich – verglichen), nachsehen, ob A anders ist als B.

2 **r Schrecken (-)** : plötzliche Angst, kleiner Schock.

3 **atemlos** : er ist gelaufen und kann im Moment nicht normal sprechen.

4 **wandte sich um** : sich umwenden (wandte s. um – umgewandt), sich umdrehen, nach hinten sehen.

5 **r Schwung(¨e)** : energische Bewegung.

Gibs auf

Interpretation

1 In dieser Kurzgeschichte kann jedes Element als Symbol für etwas anderes betrachtet werden, so dass alle Elemente zusammen eine Art Allegorie bilden.

Wann/ Wo/ Wer

- die Zeit: *früher Morgen* und symbolisiert den Anfang des Lebens
- der Ort: .... und steht für ....
- der Protagonist: ein Ich-.................... und symbolisiert ....
- der Schutzmann: Symbol für ....

Was

- Der Erzähler hat sich in der Stadt verlaufen. Das kann bedeuten, dass ....
- Der Schutzmann sagt: „.." und „gibs auf ".
  Was kann der „Weg" im ersten Satz sein?

2 *Gibs auf* ist auch der Titel dieser Geschichte. Wie interpretierst du den Satz?

- Versuch nicht aus deiner Lage herauszukommen.
- Lass mich in Ruhe.
- Versuch nicht gegen die Zeit zu kämpfen.

Arbeit an der Sprache

Kennst du das Gegenteil? Wie lautet es?

früh ⇔	unsicher ⇔ ....
rein ⇔	glücklicherweise ⇔ ....
leer ⇔	groß ⇔ ....

Entwicklung

Eine Interpretation dieser Parabel könnte sein: „Du kannst kämpfen und streben, aber das nutzt nichts. Im Leben hast du vielleicht ein Ziel, aber du findest den Weg nicht und niemand (auch Gott nicht?) kann oder will dir helfen."
Was hältst du von dieser Einstellung? Hast du auch eine pessimistische Einstellung dem Leben gegenüber? Oder denkst du, dass dem Menschen viel oder alles möglich ist, wenn er will?

Eine Welt voller Symbole

Friedrich Dürrenmatt

Weihnacht

Friedrich Dürrenmatt wurde 1921 in der Schweiz geboren. Er studierte Literatur, Philosophie und Naturwissenschaften. Er war Theaterdirektor, Prosa- und Dramenautor. Er schrieb viele Werke jeder Art, wurde jedoch besonders durch seine Kriminalromane bekannt. In seinen Werken analysiert Dürrenmatt die Gesellschaft seiner Zeit und entlarvt ihre Probleme und Widersprüche. Er starb 1990.

Hauptwerke

Romane: *Der Richter und sein Henker* (1952);
Der Verdacht (1953)

Theaterstücke: *Der Besuch der alten Dame* (1956);
Die Physiker (1962)

Weihnacht

Es war Weihnacht. Ich ging über eine weite Ebene [1]. Der Schnee war wie Glas. Es war kalt. Die Luft war tot. Keine Bewegung, kein Ton. Der Horizont war rund. Der Himmel war schwarz. Die Sterne gestorben. Der Mond gestern zu Grabe getragen. Die Sonne nicht aufgegangen. Ich schrie. Ich hörte mich nicht. Ich schrie wieder. Ich sah einen Körper auf dem Schnee liegen. Es war das Christuskind. Die Glieder [2] waren weiß und starr [3]. Der Heiligenschein [4] eine gelbe gefrorene Scheibe. Ich nahm das Kind in die Hände. Ich bewegte seine Arme auf und ab. Ich öffnete seine Lider [5]. Es hatte keine Augen. Ich hatte Hunger, ich aß den Heiligenschein. Es schmeckte wie altes Brot. Ich biss ihm den Kopf ab. Alter Marzipan. Ich ging weiter.

Friedrich Dürrenmatt, *Aus den Papieren eines Wärters, Frühe Prosa*, Zürich, Diogenes Verlag, 1980.

Verständnis

1 Wo befindet sich der Ich-Erzähler?

2 Was findet er?

3 Was macht er?

Was meinst du?

1 Wer ist der Ich-Erzähler?
- [ ] ein Kind
- [ ] ein Mann
- [ ] eine Frau
- [ ] ein alter Mensch.

2 Warum schreit er/sie?
- [ ] Er will sich selbst hören.
- [ ] Er will wissen, ob er ganz allein ist.
- [ ] Er ist verzweifelt.

3 Was ist das Christuskind?
- [ ] ein totes Kind
- [ ] ein lebendes Kind
- [ ] etwas Süßes.

1 **e Ebene** : plattes, flaches Land.

2 **s Glied(er)** : Arm, Bein etc.

3 **starr** : rigide.

4 **r Heiligenschein(e)** : Heilige (z.B. Sankt Martin) haben ihn um den Kopf.

5 **s Lid(er)** : zum Öffnen und Schließen der Augen.

Weihnacht

Interpretation

1 *Weihnacht* – so lautet der Titel dieser Kurzgeschichte und eines der ersten Worte. Wie ist die Haltung des Autors Weihnachten gegenüber?

- ☐ Er mag dieses Fest.
- ☐ Er steht diesem Fest kritisch gegenüber.
- ☐ Er spricht gar nicht von Weihnachten.

2 Diese Geschichte kann unterschiedlich interpretiert werden. Wähle eine der folgenden oder formuliere eine persönliche Interpretation (und begründe sie).

> Wer Hunger hat, dem ist nichts mehr heilig.
>
> Weihnachten kann sehr traurig sein, wenn man in Not ist.
>
> Der Mensch ist einsam und allein in einer toten Welt, der auch das Christuskind nichts mehr bedeutet.

3 Im zweiten Teil nimmt der Protagonist das Christuskind in die Hände und „spielt" mit ihm. Welches Gefühl ruft die Beschreibung des Christkindes wach? Warum?

- ☐ Fröhlichkeit
- ☐ Neid
- ☐ Mitleid
- ☐ Traurigkeit

4 Welche Grundstimmung herrscht in der Geschichte vor?

- ☐ Melancholie
- ☐ Furcht
- ☐ Glück
- ☐ Langweile

5 Wie findest du das Ende?

- ☐ dramatisch
- ☐ absurd
- ☐ lustig

Arbeit an der Sprache

Die Verben in diesem Text stehen im Präteritum/Perfekt. Schreibe den Infinitiv:

war ***sein***

ging ....   gestorben ....   getragen ....

aufgegangen ....   schrie ....   nahm ....

hatte ....   biss ....   aß ....

Entwicklung

Könntest du eine „sonderbare" Landschaft, so wie die in Dürrenmatts Erzählung, beschreiben? Setze dazu auch bitte folgende Angaben ein:

die Zeit → Es ist Winter, Frühling...

das Wetter → Es regnet / Es...

natürliche Elemente → die Luft, der Himmel, das Gebirge, der Horizont/ weiß, schwarz, grau, gerade, krumm, rund, hart... .

Eine Welt voller Symbole

3

Heinrich Hannover

Herr Böse und Herr Streit

Heinrich Hannover wurde 1925 in Anklam geboren und ging dort zur Schule, bis er 1943 zum Reichsarbeitsdienst eingezogen und dann Wehrmachtssoldat wurde. Nach einem Jurastudium in Göttingen ging er 1950 als Referendar nach Bremen und ließ sich dort 1954 als Anwalt nieder, obwohl er eigentlich Förster werden wollte. Heinrich Hannover, der sich als Autor zahlreicher Kinderbücher einen Namen machte, hat fünf erwachsene Kinder und lebt heute in Worpswede bei Bremen.

Hauptwerke

Kinderbücher: *Das Pferd Huppdiwupp und andere lustige Geschichten* (1992);
Die untreue Maulwürfin (2000)
Sachbücher: *Die Republik vor Gericht 1954-1974. Erinnerungen eines unbequemen Rechtsanwalts* (2000)

Herr Böse und Herr Streit

Es war einmal ein großer Apfelbaum. Der stand genau auf der Grenze zwischen zwei Gärten. Und der eine Garten gehörte Herrn Böse und der andere Herrn Streit.

Als im Oktober die Äpfel reif[1] wurden, holte Herr Böse mitten in der Nacht seine Leiter[2] aus dem Keller und stieg heimlich und leise-leise auf den Baum und pflückte[3] alle Äpfel ab. Als Herr Streit am nächsten Tag ernten wollte, war kein einziger Äpfel mehr am Baum. „Warte!" sagte Herr Streit. „Dir werd ich's heimzahlen[4]."

Und im nächsten Jahr pflückte Herr Streit die Äpfel schon im September ab, obwohl sie noch gar nicht reif waren. „Warte!" sagte Herr Böse. „Dir werd ich's heimzahlen."

Und im nächsten Jahr pflückte Herr Böse die Äpfel schon im August, obwohl sie noch ganz grün und hart waren. „Warte!" sagte Herr Streit. „Dir werd ich's heimzahlen."

Und im nächsten Jahr pflückte Herr Streit die Äpfel schon im Juli, obwohl sie noch ganz grün und hart und soooo klein waren. „Warte!" sagte Herr Böse. „Dir werd ich's heimzahlen."

Und im nächsten Jahr pflückte er die Äpfel schon im Juni, obwohl sie noch so klein wie Rosinen[5] waren. „Warte!" sagte Herr Streit. „Dir werd ich's heimzahlen."

Und im nächsten Jahr schlug Herr Streit im Mai alle Blüten ab, so daß der Baum überhaupt keine Früchte mehr trug. „Warte!" sagte Herr Böse. „Dir werd ich's heimzahlen."

Und im nächsten Jahr im April schlug Herr Böse den Baum mit einer Axt[6] um. „So", sagte Herr Böse, „Jetzt hat Herr Streit seine Strafe".

Von da ab trafen sie sich häufiger im Laden beim Äpfelkaufen.

Heinrich Hannover, *Das Einhorn sagt zum Zweihorn. 42 Schriftsteller schreiben für Kinder*, Gertraud Middelhauve Verlag, Köln, 1974.

---

1 **reif** : nicht mehr grün, man kann es essen.

2 **e Leiter(n)** : führt geradewegs nach oben, kann transportiert werden.

3 **abpflücken** : vom Baum holen.

4 **heimzahlen** : etwas Böses „zurückgeben"; sich rächen.

5 **e Rosine(n)** : getrocknete Weintraube; kommt in den Kuchen.

6 **e Axt("e)** : s Beil; braucht man um Bäume zu fällen.

Herr Böse und Herr Streit

Verständnis

1 Der Titel enthält zwei Namen, die symbolisch zu verstehen sind. Herr Böse bedeutet nämlich ...., Herr Streit ....

2 Was besitzen die beiden Männer?

3 Wo steht der Baum?

4 Die Geschichte erstreckt sich über sieben Jahre. Was passiert in den einzelnen Jahren? Ergänze:

   – im Oktober des ersten Jahres pflückte Herr Böse alle Äpfel vom Baum ab ....

   – im September des nächsten Jahres pflückte Herr Streit ....

   – im August des Folgejahres pflückte Herr ....

   – im Juli des darauffolgenden Jahres pflückte ....

   – im ....

   – im ....

   – und am Ende ....

5 Warum treffen sie sich jetzt oft im Laden?

Sage es mit anderen Worten

1 (…) holte Herr Böse *mitten in der Nacht* seine Leiter.
   ☒ genau um Mitternacht
   ☐ in der Nacht
   ☐ am frühen Morgen.

2 *Dir werde ich's heimzahlen*
   ☐ Du musst dafür viel Geld bezahlen.
   ☒ Ich werde mich rächen.
   ☐ Ich werde dich nach Hause schicken.

3 Von da ab trafen sie sich *häufiger* im Laden beim Äpfelkaufen.
   ☒ oft
   ☐ lieber als früher
   ☐ weniger oft als früher.

Herr Böse und Herr Streit

Was meinst du?

1 Ein Leitmotiv dieser Kurzgeschichte ist die Rache. Das wird durch einen oft wiederholten Satz ausgedrückt. Welchen?

2 Ist der Baum ein guter Grund um zu streiten? Haben die zwei Männer deiner Meinung nach einen ernsten Grund um zu streiten?

3 Der Baum ist weg. Die Lösung des Streites zwischen den zwei Männern ist, dass die Ursache nicht mehr da ist. Ist das deiner Meinung nach die beste Lösung? Hätte es auch andere, bessere Lösungen gegeben? Welche? Diskutiere in der Klasse darüber.

Interpretation

Der Autor will uns durch diese Geschichte zum Thema Streit zum Nachdenken anregen.
Es geht um den Streit zwischen zwei Personen, einen privaten Streit sozusagen, aber es gibt auch andere Konflikte, Konflikte zwischen Staaten zum Beispiel. Wie können diese Konflikte enden? Wie bei Herrn Streit und Herrn Böse?
Gibt es eine Parallele zwischen der Kurzgeschichte und internationalen Konflikten?

Arbeit an der Sprache

Finde Gegenteile zu den folgenden Adjektiven:

a genau ⇔ ......ungenau......
b leise ⇔ ......laut......
c reif ⇔ ......unreif......
d nächst ⇔ ......bevor......
e hart ⇔ ......weich......
f klein ⇔ ......gross......
g häufig ⇔ ......gelegentlich - selten......

Entwicklung

Herr Böse und Herr Streit könnten als Symbole für größere Einheiten betrachtet werden, z. B. von Staaten und Völkern. Kannst du Beispiele für solche Konflikte in der älteren oder neueren Geschichte nennen? Hätte es auch in diesen Fällen eine andere Lösung gegeben?

Wirklichkeitsgeschichten

Wirklichkeitsgeschichten

1

Peter Härtling

Im Zoo

Peter Härtling, geboren 1933 in Chemnitz, arbeitete als Redakteur bei verschiedenen Zeitungen und Zeitschriften. Seit 1974 lebt er als freier Schriftsteller und erhielt zahlreiche literarische Preise.

Er erlebte die Tragik der Nazizeit: sein Vater starb in einem Konzentrationslager und seine Mutter beging kurz darauf Selbstmord. Deshalb kreisen seine Werke immer wieder um die Elemente Kindheit und Erinnerung. Härtling ist einer der bekanntesten Vertreter der deutschen Jugendliteratur.

Hauptwerke

Roman: *Nachgetragene Liebe* (1980)

Biographie: *Hölderlin* (1976)

Im Zoo

Sie stehen vor dem Affenhaus und gucken den Affen beim Spielen zu. Sofie brüllt[1]: „Guten Tag, du Affe!" Papa zuckt zusammen[2]. Ein anderer Mann zuckt auch zusammen. Zwei Frauen drehen[3] sich zu Sofie um. Vater zieht Sofie weg und sagt leise: „Affen begrüßt man nicht. Sie können ja nicht antworten." Sofie sagt: „Dann ist Herr Schneider auch ein Affe". Vater sagt: „Na, hör mal! So etwas kannst du doch nicht sagen." Aber Sofie bleibt dabei: „Der antwortet auch nicht, wenn ich guten Tag sage. Also ist er ein Affe." Jetzt lacht Vater endlich.

Peter Härtling, *Im Zoo*. In: *Zwischen den Zeilen*. S. Kuntner, K. Lapajne, E. Stransky (Hrsg.), Cideb, Rapallo, 1994.

Verständnis

1 Wo stehen die Leute?

2 Wer sind sie?

3 Warum zucken die Leute zusammen?

4 Warum behauptet Sofie, dass Herr Schneider ein Affe ist?

Sage es mit anderen Worten

1 *Sofie bleibt dabei (...)*
   - [ ] Sie bleibt da stehen.
   - [ ] Sie bleibt bei ihrem Vater.
   - [ ] Sie bleibt derselben Meinung.

2 *„So etwas kannst du nicht sagen"*
   - [ ] Es ist nicht erlaubt, hier so zu sprechen.
   - [ ] Das ist respektlos.
   - [ ] Das ist nicht wahr.

3 Der antwortet auch nicht, *wenn ich guten Tag sage.*
   - [ ] wenn ich ihn begrüße.
   - [ ] wenn ich ihn sehe.
   - [ ] wenn er weggeht.

---

1 **brüllen** : schreien; sehr laut sprechen.

2 **zusammen | zucken** : (vor Schreck) eine plötzliche Bewegung machen.

3 **sich um | drehen** : sich um 180° drehen und nach hinten sehen.

Im Zoo

Was glaubst du?

1 Sofie ist
- ☐ vier Jahre alt.
- ☐ sieben Jahre alt.
- ☐ elf Jahre alt.

2 Herr Schneider ist
- ☐ ein Nachbar.
- ☐ ein Verwandter.
- ☐ ein Freund des Vaters.

3 Am Ende lacht der Vater, denn
- ☐ die Tochter hat etwas Lustiges gesagt.
- ☐ eigentlich hat sie Recht.
- ☐ im Zoo ist es sehr lustig.

Interpretation

1 Herr Schneider wird mit einem Affen verglichen. Worin ist er dem Affen ähnlich? Was bedeutet das?

2 Sofie ist ein Kind. Warum lässt der Autor ein Kind diese Dinge sagen?

Arbeit an der Sprache

Auch in der deutschen Sprache vergleicht man oft Mensch und Tier miteinander. So sagt man etwa: XY ist so arrogant wie ein *Affe*! Kannst du die passenden Tiernamen zu den folgenden Ausdrücken finden?

- so groß wie ....
- so dickköpfig wie ....
- so fett wie ....
- so schnell wie ....
- so dumm wie ....
- so schlau wie ....

Wähle zwischen den folgenden Tieren:
(der) Hase(n)   (die) Kuh(¨e)   (der) Fuchs(¨e)   (der) Löwe(n)
(der) Elefant(en)   (die) Katze(n)   (der) Hund(e)   (das) Schwein(e)
der) Maulesel(=)   (die) Maus(¨e)

Entwicklung

Siehst auch du manchmal Ähnlichkeiten zwischen Mensch und Tier? Sind diese positiv oder negativ? Kannst du ein Beispiel nennen?

Wirklichkeitsgeschichten

Heinrich Böll

2

An der Brücke

Heinrich Böll wurde 1917 in Köln geboren. Nach dem Abitur begann er das Studium der Germanistik, das er wegen des Krieges unterbrechen musste. Die Kriegserfahrung beeinflusste stark seine literarische Tätigkeit, die er gleich nach dem Ende des Krieges begann. Er lebte danach als freier Schriftsteller mit „wechselndem Arbeitsplatz". Er war immer sozial engagiert, kämpfte für die Menschenrechte und setzte sich für die Abrüstung und für den Umweltschutz ein. 1972 erhielt er den Nobelpreis für Literatur. Er starb 1985.

Hauptwerke

Erzählungen: *Der Zug war pünktlich* (1949);
Wanderer, kommst du nach Spa ...? (1950);
Die Verlorene Ehre der Katharina Blum (1974)
Romane: *Ansichten eines Clowns* (1963);
Gruppenbild mit Dame (1971)

An der Brücke

Die haben mir meine, Beine geflickt[1] und haben mir einen Posten[2] gegeben, wo ich sitzen kann: ich zähle die Leute, die über die neue Brücke gehen. [...]

Ihre Gesichter strahlen[3] wenn ich ihnen das Ergebnis meiner Schicht[4] mitteile, je höher die Zahl, um so mehr strahlen sie, und sie haben Grund, sich befriedigt ins Bett zu legen, denn viele Tausende gehen täglich über ihre neue Brücke...

Aber ihre Statistik stimmt nicht. Es tut mir leid, aber sie stimmt nicht. Ich bin ein unzuverlässiger Mensch, obwohl ich es verstehe, den Eindruck von Biederkeit[5] zu erwecken.

Insgeheim macht es mir Freude, manchmal einen zu unterschlagen[6] und dann wieder, wenn ich Mitleid empfinde, ihnen ein paar zu schenken. Ihr Glück liegt in meiner Hand. Wenn ich wütend bin, wenn ich nichts zu rauchen habe, gebe ich nur den Durchschnitt an, manchmal unter dem Durchschnitt, und wenn mein Herz aufschlägt, wenn ich froh bin, lasse ich meine Großzügigkeit in einer fünfstelligen Zahl verströmen[7]. Sie sind ja so glücklich! Sie reißen[8] mir förmlich[9] das Ergebnis jedesmal aus der Hand, und ihre Augen leuchten auf, und sie klopfen mir auf die Schulter. Sie ahnen[10] ja nichts! Und dann fangen sie an zu multiplizieren, zu dividieren, zu prozentualisieren, ich weiß nicht was. Sie rechnen aus, wieviel heute jede Minute über die Brücke gehen und wieviel in zehn Jahren über die Brücke gegangen sein werden. Sie lieben das zweite Futur, das zweite Futur ist ihre Spezialität – und doch, es tut mir leid, daß alles nicht stimmt...

Wenn meine kleine Geliebte über die Brücke kommt – und sie kommt zweimal am Tage –, dann bleibt mein Herz einfach stehen. Das unermüdliche Ticken meines Herzens setzt einfach aus[11], bis sie in die Allee eingebogen und verschwunden ist, und alle, die in dieser Zeit passieren, verschweige ich ihnen. Diese zwei Minuten gehören mir, mir ganz allein,

---

1   **geflickt** : repariert (Stoff).

2   **r Posten(=)** : (hier) Arbeitsplatz.

3   **strahlen** : wie die Sonne, wie Uranium 235.

4   **e Schicht(en)** : in Fabriken arbeitet man z.B. in zwei Schichten, eine von 6 bis 14 und die zweite von 14 bis 22 Uhr.

5   **e Biederkeit** : bürgerliches Normalsein.

6   **unterschlagen** : (hier) nicht nennen (oder angeben).

7   **verströmen** : herauskommen und verloren gehen.

8   **reißen** : aggressiv nehmen.

9   **förmlich** : der Form nach.

10 **ahnen** : im Voraus spüren, fühlen / wissen.

11 **aus | setzen** : (einen Moment lang) auf | hören.

und ich lasse sie mir nicht nehmen. Und auch wenn sie abends wieder zurückkommt aus ihrer Eisdiele, wenn sie auf der anderen Seite des Gehsteiges meinen stummen[1] Mund passiert, der zählen, zählen muß, dann setzt mein Herz wieder aus, und ich fange erst wieder an zu zählen, wenn sie nicht mehr zu sehen ist. Und alle, die das Glück haben, in diesen Minuten vor meinen blinden Augen zu defilieren, gehen nicht in die Ewigkeit der Statistik ein: Schattenmänner und Schattenfrauen, nichtige Wesen, die im zweiten Futur der Statistik nicht mitmarschieren werden...

Spätheimkehrer aus dem 2. Weltkrieg auf einer Brücke

Es ist klar, daß ich sie liebe. Aber sie weiß nichts davon, und ich möchte auch nicht, daß sie es erfährt. [...] ahnungslos und unschuldig soll sie mit ihren langen braunen Haaren und den zarten Füßen in ihre Eisdiele marschieren, und sie soll viel Trinkgeld bekommen. Ich liebe sie. Es ist ganz klar, daß ich sie liebe.

Neulich haben sie mich kontrolliert. Der Kumpel, der auf der anderen Seite sitzt und die Autos zählen muß, hat mich früh genug gewarnt, und ich habe höllisch aufgepaßt.

Ich habe gezählt wie verrückt, ein Kilometerzähler kann nicht besser zählen. Der Oberstatistiker selbst hat sich drüben auf die andere Seite gestellt und hat später das Ergebnis einer Stunde mit meinem Stundenplan verglichen. Ich hatte nur einen weniger als er. Meine kleine Geliebte war vorbeigekommen, und niemals im Leben werde ich dieses hübsche Kind ins zweite Futur transponieren lassen, diese meine kleine Geliebte soll nicht

---

1 **stumm** : nicht sprechen können.

An der Brücke

multipliziert und dividiert und in ein prozentuales Nichts verwandelt werden. Mein Herz hat mir geblutet, daß ich zählen mußte, ohne ihr nachsehen[1] zu können, und dem Kumpel drüben, der die Autos zählen muß, bin ich sehr dankbar gewesen. Es ging ja glatt um meine Existenz.

Der Oberstatistiker hat mir auf die Schulter geklopft und hat gesagt, daß ich gut bin, zuverlässig und treu. „Eins in der Stunde verzählt", hat er gesagt, „macht nicht viel. Wir zählen sowieso einen gewissen prozentualen Verschleiß[2] hinzu. Ich werde beantragen, daß Sie zu den Pferdewagen versetzt werden."

[...]

Pferdewagen wäre herrlich. Zwischen vier und acht dürfen überhaupt keine Pferdewagen über die Brücke, und ich könnte spazierengehen oder in die Eisdiele, könnte sie mir lange anschauen oder sie vielleicht ein Stück nach Hause bringen, meine kleine ungezählte Geliebte...

Heinrich Böll, *Erzählungen*, Deutscher Taschenbuch Verlag, Köln, 1950.

Verständnis

1 Diese Kurzgeschichte kann in drei Abschnitte unterteilt werden. Schreibe das erste und letzte Wort der einzelnen Abschnitte neben diese Überschriften.

Titel	das erste Wort	das letzte Wort
1 Mein Beruf		
2 Meine Geliebte		
3 Die Probe		

1 **jdm. nach | sehen** : zu | sehen, wie jemand weiter | geht.

2 **r Verschleiß** : durch Gebrauch ruiniert.

An der Brücke

2 Ergänze.

   a Der Beruf des Ich-Erzählers: er ....

   b Die von ihm angegebene Zahl stimmt nicht, weil ....

   c Wenn sie die Statistik bekommen, fangen sie an ....

   d Sie rechnen aus, wie viele Leute ....

3 Kennt der Erzähler seine Geliebte persönlich?

4 Suche die passende Antwort auf jede dieser Fragen.

   a Wer warnt ihn davor, dass er kontrolliert werden wird?

   b Wer zählt die Leute auch noch?

   c Wen hat er nicht mitgezählt?

   d Wer kann nicht besser zählen als er selbst?

       ☐ die von ihm geliebte Frau

       ☐ ein Kollege

       ☐ der Oberstatistiker

       ☐ ein Kilometerzähler

5 Was meinst du, warum wäre für den Erzähler „Pferdewagen zählen" herrlich?

Sage es mit anderen Worten

1 ... den *Eindruck von Biederkeit* erwecke.

  ☐ gesund aussehen

  ☐ normal aussehen

  ☐ krank aussehen

2 (...) *lasse ich meine Großzügigkeit in einer fünfstelligen Zahl verströmen...*

  ☐ schenke ich jemandem eine schöne, große Zahl

  ☐ vergesse ich eine schöne, große Zahl

  ☐ erfinde ich eine schöne, große Zahl

3 (...) sie lieben *das zweite Futur...*

  ☐ die nahe Zukunft

  ☐ eine Zukunft, die schon da ist.

  ☐ Sciencefiction

4 (...) und ich habe *höllisch* aufgepasst.

  ☐ schrecklich

  ☐ sehr

  ☐ sehr gern

5 ... meine kleine *ungezählte* Geliebte.

  ☐ die er nicht zählt

  ☐ die nicht zählen kann

  ☐ die in der Statistik nicht wichtig ist

An der Brücke

Was meinst du?

1 Der Erzähler sagt: „Sie haben mir die Beine geflickt". Wen meint er mit „sie"?

☐ seine Arbeitgeber

☐ die Gesellschaft

☐ Ärzte

2 Was meinst du: Wer ist Schuld daran, dass er keine Beine mehr hat?

☐ eine Krankheit

☐ der Krieg

☐ die Arbeit

3 Warum sind die Arbeitgeber des Erzählers zufrieden, wenn sie sehen, dass viele Leute über die Brücke gehen?

4 Warum will der Erzähler „die Geliebte" nicht mit den anderen Passanten mitzählen?

Arbeit an der Sprache

„Zu" oder nicht?

1 Sie haben einen Grund, sich zufrieden ins Bett .... legen.

2 Es tut mir Leid, ihnen eine falsche Statistik .... geben, aber ich kann das nicht .... vermeiden.

3 Es macht mir manchmal Spaß, einen .... unter .... schlagen und, wenn ich Mitleid mit ihnen habe, ihnen einen .... schenken.

4 Wenn ich nichts .... rauchen habe, dann werde ich .... wütend und will sie .... betrügen.

5 Wenn ich froh bin, lasse ich meine Großzügigkeit in einer fünfstelligen Zahl .... verströmen.

Interpretation

1 Der Protagonist drückt in dieser Kurzgeschichte direkt oder indirekt seine Gefühle aus. Welche Gefühle hat er den Arbeitgebern gegenüber?

☐ Er hat sie gern.

☐ Er hasst sie.

☐ Er traut ihnen nicht.

2 Der Ich-Erzähler liebt seine Arbeit nicht. Warum?

☐ Er findet sie dumm.

☐ Er findet sie anstrengend.

☐ Er findet sie unmoralisch.

3 Diese Kurzgeschichte (wie viele dieses Autors) enthält eine scharfe Kritik an der Gesellschaft. Welche?

4 Wie endet die Geschichte?

- ☐ positiv
- ☐ negativ
- ☐ bleibt offen

Entwicklung

1 Nehmen wir an, der Erzähler würde die junge Dame doch ansprechen. Der Dialog könnte die Arbeit des Mannes und seine Gefühle zum Thema haben.

Die geliebte Frau geht vorbei.

Erzähler: „Sie arbeiten in der Eisdiele, nicht wahr?"

Frau: (bleibt stehen, sieht auf seine Beine) „Und?"

Erzähler: „Ich habe Sie nicht mitgezählt!"

Frau: „Wie bitte?"

2 Der Erzähler könnte jetzt andere Themen wählen, um die Frau näher kennen zu lernen, zum Beispiel:

Arbeit – die Brücke – Freizeit – Pläne für die Zukunft – Liebe – Familie

Setze den Dialog zwischen dem Erzähler und der jungen Frau fort.

Wirklichkeitsgeschichten

3

Marie Luise Kaschnitz

Ein ruhiges Haus

Marie Luise Kaschnitz wurde 1901 in Karlsruhe geboren. Sie lebte bis 1932 in Italien, wo sie als Buchhändlerin arbeitete. Mit ihrem Mann, dem deutschen Archäologen Guido Kaschnitz, reiste sie in den Dreißiger Jahren viel. Sie begann erst mit fünfzig ihre literarische Tätigkeit. Sie schrieb Gedichte, Erzählungen, Romane und Hörspiele.

Hauptthemen ihrer Werke sind die Verständigung unter den Menschen, Leid und Einsamkeit. Sie starb 1974 in Rom.

Hauptwerke

Gedichte: *Totentanz und Gedichte der Zeit* (1947)

Kurzgeschichten: *Lange Schatten* (1960)

Ein ruhiges Haus

Ein ruhiges Haus, sagen Sie? Ja, jetzt ist es ein ruhiges Haus. Aber noch vor kurzem war es die Hölle. Über uns und unter uns Familien mit kleinen Kindern, stellen Sie sich das vor. Das Geheul[1] und Geschrei[2], die Streitereien, das Trampeln[3] und Scharren[4] der kleinen zornigen[5] Füße. Zuerst haben wir immer nur den Besenstiel[6] gegen die Decke gestoßen. Als das nichts half, hat mein Mann telefoniert. Ja, entschuldigen Sie, haben die Eltern gesagt, die Kleine zahnt[7], oder die Zwillinge lernen gerade laufen. Natürlich haben wir uns mit solchen Ausreden nicht zufriedengegeben. Mein Mann hat sich beim Hauswirt beschwert, jede Woche einmal, dann war das Maß voll. Der Hauswirt hat den Leuten oben und den Leuten unten Briefe geschrieben und ihnen mit der fristlosen Kündigung gedroht[8]. Danach ist es gleich besser geworden.

Die Wohnungen hier sind nicht allzu teuer und diese jungen Ehepaare haben gar nicht das Geld umzuziehen.

Wie sie die Kinder zum Schweigen gebracht haben? Ja, genau weiß ich das nicht. Ich glaube, sie binden sie jetzt an den Bettpfosten[9] fest, so dass sie nur kriechen[10] können. Das macht weniger Lärm. Wahrscheinlich bekommen sie starke Beruhigungsmittel. Sie schreien und juchzen[11] nicht mehr, sondern plappern[12] nur vor sich hin, ganz leise wie im Schlaf. Jetzt grüßen wir die Eltern wieder, wenn wir ihnen auf der Treppe begegnen. Wie geht es den Kindern, fragen wir sogar. Gut, sagen die Eltern. Warum sie dabei Tränen in den Augen haben, weiß ich nicht.

Marie Luise Kaschnitz, *Gesammelte Werke*. Christian Büttrich (Hrsg.), Insel Verlag Frankfurt/Main, 1981.

1 **s Geheul** : das Heulen (der Wölfe z.B.).

2 **s Geschrei** : das Schreien.

3 **s Trampeln** : laut mit den Füßen auftreten.

4 **s Scharren** : mit den Füßen laut über den Boden kratzen.

5 **zornig** : verärgert, böse.

6 **r Besenstiel(e)** : Stock am Besen.

7 **zahnen** : Zähne bekommen.

8 **mit der fristlosen Kündigung gedroht** : jdm. sagen, er muss eventuell sofort aus der Wohnung.

9 **r Bettpfosten(=)** : die vier „Ecken" am Bett.

10 **kriechen (kroch, ist gekrochen)** : nicht stehend, sondern mit dem ganzen Körper am Boden bewegen (wie eine Schlange).

11 **juchzen** : laut „juhu" rufen.

12 **plappern** : sinnlose Wörter, „blabla" sagen.

Ein ruhiges Haus

Verständnis

1 Das Haus und die Hauptpersonen verändern sich im Laufe der Geschichte. Wie? Welche der folgenden Adjektive passen (wann?) zu den einzelnen Personen?

> laut – traurig – lebendig – böse – ruhig – gedankenlos
> passiv – schläfrig – zufrieden – aggressiv

	jetzt	früher
Eltern der Kinder		
Kinder		
Ehepaar		

2 Ordne die folgenden Sätze zeitlich und gib jedem eine Nummer.

- ☐ Der Mann hat telefoniert.
- 1 Aus der Nachbarwohnung kam viel Lärm.
- ☐ Der Lärm hat aufgehört.
- ☐ Der Mann hat sich oft beim Hauswirt beschwert.
- ☐ Das waren die kleinen Kinder.
- ☐ Jetzt ist alles ruhig.

3 Schreibe jetzt mit Hilfe der Sätze eine Zusammenfassung. Benutze dabei: *erst, dann, am Ende/schließlich.*

4 Die Kinder sind jetzt ruhig. Wie haben die Eltern ihre Kinder nach Meinung des Erzählers zum Schweigen gebracht?

Sage es mit anderen Worten

1 Als *das nicht half (…)*

- ☐ das nichts nützte…
- ☐ wir ihnen nicht helfen konnten…
- ☐ sie uns nicht helfen konnten…

Ein ruhiges Haus

2 Natürlich haben *wir uns ... nicht zufriedengegeben.*
- ☐ Wir waren traurig.
- ☐ Das war noch nicht ganz das, was wir wollten.
- ☐ Wir haben uns bei ihnen entschuldigt.

3 *Dann war das Maß voll.*
- ☐ Die Wohnung war voll von Leuten.
- ☐ Das Glas war voll.
- ☐ Das war dann aber zu viel.

Was meinst du?

Begründe deine Wahl mit Elementen aus dem Text.

1 Die Kurzgeschichte steht in der ersten Person. Wer ist der Ich-Erzähler?
- ☐ eine Frau, die im Haus wohnt
- ☐ ein Mann, der im Haus wohnt
- ☐ ein Kind, das im Haus wohnt.

2 Wie stellst du dir diese Person vor?
- ☐ alt
- ☐ mittleren Alters
- ☐ jung
- ☐ sehr jung

3 Wie ist das Haus, in dem die Personen wohnen?
- ☐ elegant
- ☐ ärmlich
- ☐ normal

4 Der Erzähler (die Erzählerin?) versteht nicht *warum sie (die Eltern) Tränen in den Augen haben...* Und du? Was meinst du wohl?
- ☐ Sie sind traurig, weil ihre Nachbarn sich beschwert haben.
- ☐ Sie weinen, denn sie haben kein Geld.
- ☐ Ihnen tun ihre Kinder Leid.

Interpretation

1 Welcher andere Titel passt deiner Meinung nach noch zu dieser Geschichte?
- ☐ Schöner und besser wohnen
- ☐ Intoleranz
- ☐ Nachbarn und Kinder

Ein ruhiges Haus

2 Wie verhalten sich die kinderlosen Nachbarn?

☐ korrekt

☐ grausam

☐ unsensibel

☐ rational – verständnisvoll – freundlich – unmenschlich

3 Und die Familie mit den Kindern? Was sollte sie deiner Meinung nach tun / was hätte sie tun sollen?

Entwicklung

1 Was würdest du tun? Eine Familie mit vielen Kindern zieht in die Nachbarwohnung. Sie schreien und machen Tag und Nacht Lärm. Würdest du so reagieren wie das Ehepaar aus unserer Kurzgeschichte?

2 Stell dir vor, du gehörst zur Familie mit den Kindern und deine Kinder stören andere Familien, die sich daraufhin beschweren. Was würdest du in diesem Fall tun?

Wirklichkeitsgeschichten

4

Wolfgang Borchert
Das Brot

Wolfgang Borchert wurde 1921 in Hamburg geboren. 1941 musste er an die Ostfront, von wo er 1945 schwerkrank nach Hause zurückkam. Seine Gesundheit war durch die Kriegserfahrung so angegriffen, dass er 1947 in einem Sanatorium in Basel starb. In seinen Texten wird die Verzweiflung „der verlorenen Generationen" nach dem Ende des zweiten Weltkrieges ausgedrückt.

Hauptwerke
Hörspiel: *Draußen vor der Tür* (1947)
Kurzgeschichten: *Die Küchenuhr, Das Brot* (1949)

Das Brot

Plötzlich wachte sie auf. Es war halb drei. Sie überlegte, warum sie aufgewacht war. Ach so! In der Küche hatte jemand gegen einen Stuhl gestoßen. Sie horchte[1] nach der Küche. Es war still. Es war zu still und als sie mit der Hand über das Bett neben sich fuhr, fand sie es leer. Das war es, was es so besonders still gemacht hatte: sein Atem fehlte. Sie stand auf und tappte[2] durch die dunkle Wohnung zur Küche. In der Küche trafen sie sich. Die Uhr war halb drei. Sie sah etwas Weißes am Küchenschrank stehen. Sie machte Licht. Sie standen sich im Hemd gegenüber. Nachts. Um halb drei. In der Küche.

Auf dem Küchentisch stand der Brotteller. Sie sah, daß er sich Brot abgeschnitten hatte. Das Messer lag noch neben dem Teller. Und auf der Decke lagen Brotkrümel[3]. Wenn sie abends zu Bett gingen, machte sie immer das Tischtuch sauber. Jeden Abend. Aber nun lagen Krümel auf dem Tuch. Und das Messer lag da. Sie fühlte, wie die Kälte der Fliesen[4] langsam an ihr hochkroch[5]. Und sie sah von dem Teller weg.

„Ich dachte, hier wär was", sagte er und sah in der Küche umher.

„Ich habe auch was gehört", antwortete sie und dabei fand sie, daß er nachts im Hemd doch schon recht alt aussah. So alt wie er war. Dreiundsechzig. Tagsüber sah er manchmal jünger aus. Sie sieht doch schon alt aus, dachte er, im Hemd sieht sie doch ziemlich alt aus. Aber das liegt vielleicht an den Haaren. Bei den Frauen liegt das nachts immer an den Haaren. Die machen dann auf einmal so alt.

„Du hättest Schuhe anziehen sollen. So barfuß auf den kalten Fliesen. Du erkältest dich noch."

Sie sah ihn nicht an, weil sie nicht ertragen konnte, daß er log[6]. Daß er log, nachdem sie neununddreißig Jahre verheiratet waren.

„Ich dachte, hier wäre was", sagte er noch einmal und sah wieder so sinnlos von einer Ecke in die andere, „ich hörte hier was. Da dachte ich, hier wäre was."

„Ich hab auch was gehört. Aber es war wohl nichts." Sie stellte den Teller vom Tisch und schnippte[7] die Krümel von der Decke.

---

1 **horchen** : konzentriert (und heimlich) hören.

2 **tappen** : langsam und vorsichtig gehen.

3 **Brotkrümel(=)** : fallen beim Essen auf den Boden.

4 **e Fliese(-n)** : aus Keramik, sie bedecken Boden und Wände.

5 **hoch | kriechen** : langsam nach oben kommen.

6 **lügen – log – gelogen** : nicht die Wahrheit sagen.

7 **schnippen** : (hier:) mit den Fingern wegmachen.

Das Brot

„Nein, es war wohl nichts", echote[1] er unsicher.

Sie kam ihm zu Hilfe: „Komm man. Das war wohl draußen. Komm man zu Bett. Du erkältest dich noch. Auf den kalten Fliesen."

Er sah zum Fenster hin. „Ja, das muß wohl draußen gewesen sein. Ich dachte, es wäre hier."

Sie hob die Hand zum Lichtschalter. Ich muß das Licht jetzt ausmachen, sonst muß ich nach dem Teller sehen, dachte sie. Ich darf doch nicht nach dem Teller sehen. „Komm man", sagte sie und machte das Licht aus, „das war wohl draußen. Die Dachrinne[2] schlägt immer bei Wind gegen die Wand. Es war sicher die Dachrinne. Bei Wind klappert[3] sie immer."

Sie tappten sich beide über den dunklen Korridor zum Schlafzimmer. Ihre nackten Füße platschten auf den Fußboden.

„Wind ist ja", meinte er. „Wind war schon die ganze Nacht."

Als sie im Bett lagen, sagte sie: „Ja, Wind war schon die ganze Nacht. Es war wohl die Dachrinne."

1 **echoen** : sprechen wie ein Echo.

2 **e Dachrinne(n)** : durch die D. fließt Regenwasser ab.

3 **klappern** : laut „klapp-klapp" machen.

Das Brot

„Ja, ich dachte, es wäre in der Küche. Es war wohl die Dachrinne." Er sagte das, als ob er schon halb im Schlaf wäre.

Aber sie merkte, wie unecht seine Stimme klang[1], wenn er log.

„Es ist kalt", sagte sie und gähnte leise, „ich krieche unter die Decke. Gute Nacht."

„Nacht", antwortete er und noch: „ja, kalt ist es schon ganz schön."

Dann war es still. Nach vielen Minuten hörte sie, daß er leise und vorsichtig kaute[2]. Sie atmete absichtlich tief und gleichmäßig, damit er nicht merken sollte, daß sie noch wach war. Aber sein Kauen war so regelmäßig, daß sie davon langsam einschlief.

Als er am nächsten Abend nach Hause kam, schob sie ihm vier Scheiben Brot hin. Sonst hatte er immer nur drei essen können.

„Du kannst ruhig vier essen", sagte sie und ging von der Lampe weg. „Ich kann dieses Brot nicht so recht vertragen[3]. Iß du man eine mehr. Ich vertrag es nicht so gut."

Sie sah, wie er sich tief über den Teller beugte. Er sah nicht auf. In diesem Augenblick tat er ihr leid.

„Du kannst doch nicht nur zwei Scheiben essen", sagte er auf seinen Teller.

„Doch. Abends vertrag ich das Brot nicht gut. Iß man. Iß man."

Erst nach einer Weile setzte sie sich unter die Lampe an den Tisch.

Wolfgang Borchert, *Das Gesamtwerk*, Rowohlt Verlag, Hamburg, 1949.

---

1 **klingen (klang, geklungen)** : sich anhören, einen Ton erzeugen.

2 **kauen** : mit den Zähnen bearbeiten, klein machen.

3 **etw. nicht vertragen** : (hier) etwas nicht ohne Verdauungsprobleme essen oder trinken können.

Das Brot

Verständnis

1 Trage die fehlenden Informationen mit Hilfe des Texts ein.

Wer? ....

Wo? ....

Wann? ....

2 Welche Aussagen sind richtig, welche falsch? Kreuze an.

		richtig	falsch
a	Der Mann sagt, er ist aufgestanden, weil er Hunger hatte.	☐	☐
b	Als die Frau in die Küche kommt, isst der Mann gerade.	☐	☐
c	Der Mann will nicht zeigen, dass er jetzt isst.	☐	☐
d	Beide denken voneinander, dass die/der andere alt aussieht.	☐	☐
e	Sie sind noch nicht lange verheiratet.	☐	☐
f	Als sie wieder im Bett liegen, sprechen sie über interessante Dinge.	☐	☐
g	Auch im Bett isst der Mann weiter.	☐	☐
h	Am folgenden Tag will die Frau weniger Brot haben als sonst.	☐	☐

Sage es mit anderen Worten

1 *Sie überlegte*, warum sie aufgewacht war.

☐ sie fragte sich

☐ sie legte sich hin

☐ sie glaubte

2 Ich dachte, *hier wär was.*

☐ hier gibt es etwas zu essen.

☐ ich hörte ein Geräusch, das vielleicht von hier kam.

☐ Ich dachte, du bist hier.

3 *Bei den Frauen liegt das nachts immer an den Haaren.*

☐ Frauen liegen in der Nacht so im Bett, dass ihre Haare schön bleiben.

☐ Nachts sind Frauen nicht so schön, denn sie sind nicht frisiert.

☐ Nachts sind Frauenhaare nicht schön.

Was meinst du?

1 Die Geschichte spielt in Deutschland. Wann?

☐ zu unserer Zeit.

☐ im Mittelalter.

☐ nach dem Zweiten Weltkrieg.

Beachte dazu einzelne Angaben im Text; sie können dir helfen.

Das Brot

2 *Ich darf noch nicht auf den Teller sehen*, denkt die Frau. Warum nicht?

☐ Sonst begreift ihr Mann, dass sie alles verstanden hat

☐ Sonst wird sie böse.

☐ Sonst wird ihr Mann böse.

3 Warum ist es denn so schlimm, dass der Mann nachts eine Scheibe Brot isst? Warum soll seine Frau das nicht sehen?

☐ Es sind ältere Leute und sie vertragen sich nicht mehr so gut.

☐ Es gibt sehr wenig zu essen.

☐ Nachts sind die Geschäfte geschlossen.

4 *Aber sie merkte wie seine Stimme klang, wenn er log.*

Woraus bestand die Lüge des Mannes?

5 Weiß oder spürt der Mann, dass die Frau etwas bemerkt hat?

6 Die Frau sagt schließlich, dass sie keinen Hunger hat. Ist das deiner Meinung nach die Wahrheit?

7 *In diesem Augenblick tat er ihr Leid.* Warum?

☐ Weil er seine Schwäche so offen zeigt.

☐ Weil er gebeugt geht, und so sehr alt aussieht.

☐ Weil er Hunger hat.

8 Welche Eigenschaften passen zu dem Mann, welche zu der Frau, welche zu beiden?

> großzügig – resigniert – lügnerisch – lieb – egoistisch
> alt – hungrig – sensibel – enttäuscht – gleichgültig

Mann	Frau	beide

Begründe deine Antworten jetzt und bilde Sätze dazu.

Beispiel: Die Frau ist großzügig, weil sie für ihren Mann auf das Brot verzichtet.
Da die Frau auf eine Scheibe Brot verzichtet, ist sie großzügig.

Das Brot

Interpretation

Eine Frau und ein Mann in einem Haus. Sie sind ältere Leute. Sie haben lange zusammen gelebt. Deshalb ist die Frau traurig darüber, dass ihr Mann sie belügt. Was hätte sie erwartet? Und ihr Mann, wie fühlt er sich deiner Meinung nach?

Arbeit an der Sprache

Verbinde zu sinnvollen Sätzen.

a Sie merkte,

dass er nachts im Hemd doch schon recht alt aussah.

b Sie fand,

als ob er schon halb eingeschlafen wäre.

c Sie sah ihn nicht an,

wie die Kälte der Fliesen langsam an ihr hoch kroch.

d Sie fühlt,

wie falsch seine Stimme klang.

e Er sagte das,

weil sie nicht ertragen konnte, dass er log.

Entwicklung

Die Frau ist in dieser Geschichte von ihrem Mann tief enttäuscht. Meinst du, dass sie ihn trotzdem liebt? Kann man deiner Meinung nach eine Person weiterhin lieben, obwohl sie uns tief enttäuscht hat?

Wirklichkeitsgeschichten

5

Reiner Kunze

Ordnung

Reiner Kunze wurde 1933 im Erzgebirge geboren; in Leipzig studierte er Philosophie und Journalistik. Er arbeitete zuerst als Hilfsschlosser, dann (ab 1962) als freier Schriftsteller. Noch in den fünfziger Jahren waren seine Gedichte von den Idealen des Sozialismus geprägt, aber dann wurde sein politisches Verhältnis zur DDR immer kritischer und angespannter. Nach der Veröffentlichung des Prosabandes *Die wunderbaren Jahre* (1976) wurde er aus dem Schriftstellerverband ausgeschlossen und erhielt Berufsverbot. 1977 verließ Kunze mit seiner Familie die DDR. Er lebt jetzt als freier Schriftsteller in Passau.

Hauptwerke
Gedichte: *Sensible Wege* (1969)
Prosasammlung: *Die wunderbaren Jahre* (1976)

Ordnung

Die Mädchen und Jungen, die sich auf die Eckbank der leeren Bahnhofshalle setzten, kamen aus einem Jazzkonzert. Ihr Gespräch verstummte[1] rasch. Einer nach dem anderen legten sie den Kopf auf die Schulter ihres Nebenmanns. Der erste Zug fuhr 4.46 Uhr.

Zwei Transportpolizisten, einen Schäferhund an der Leine, erschienen vor der Tür, wandten sich[2] der Bank zu und zupften[3] die Schlafenden an Ärmel.

„Entweder Sie setzen sich gerade hin, oder Sie verlassen den Bahnhof, Ordnung muss sein!"

„Wieso Ordnung?" fragte einer der Jungen, nachdem er sich aufgerichtet hatte. „Sie sehen doch, daß jeder seinen Kopf gleich wiedergefunden hat."

„Wenn Sie frech[4] werden, verschwinden Sie sofort, verstanden?" Die Polizisten gingen weiter.

Die jungen Leute lehnten sich[5] nach der anderen Seite. Zehn Minuten später kehrte die Streife[6] zurück und verwies[7] sie des Bahnhofs. Draußen ging ein feiner Regen nieder. Der Zeiger der großen Uhr wippte[8] auf die Eins wie ein Gummiknüppel[9].

Reiner Kunze, *Sensible Wege*, Rowohlt Verlag, Hamburg, 1969.

Verständnis

1 Ergänze die fehlenden Informationen mit Hilfe des Texts.

Die Protagonisten	Ort	Zeit	Wetter

1 **verstummen** : nicht mehr sprechen.

2 **sich jdm. zuwenden** : jdn. ansehen.

3 **zupfen** : kurz (am Ärmel) ziehen.

4 **frech** : „renitent", arrogant.

5 **sich lehnen** : (hier) wieder den Kopf ... legen.

6 **die Streife(n)** : Polizeipatrouille(n).

7 **jdn. des Bahnhofs verweisen** : jdm. verbieten, auf dem Bahnhof zu bleiben.

8 **wippen** : (hin und her) gehen.

9 **r Gummiknüppel(=)** : Stock der Polizei, meistens aus Hartgummi.

Ordnung

2   Wie verhalten sich die Polizisten beim ersten Mal? Und beim zweiten Mal? Wähle zwei von diesen Aussagen.

☐ Die Polizisten sagen, die jungen Leute sollen den Bahnhof verlassen.

☐ Die Polizisten nehmen die jungen Leute mit.

☐ Die Polizisten sagen, die jungen Leute dürfen in der Bahnhofshalle bleiben.

☐ Die Polizisten sagen, die jungen Leute sollen ordentlich dasitzen.

☐ Die Polizisten vertreiben die jungen Leute aus dem Bahnhof.

☐ Die Polizisten lassen die jungen Leute in Ruhe.

3   Ergänze jetzt mit den zwei Sätzen, die du gewählt hast.

Beim ersten Mal ....

....

....

und beim zweiten Mal ....

....

....

4   Wo müssen die Mädchen und Jungen schließlich auf den Zug warten?

Sage es mit anderen Worten

1   *Ihr Gespräch verstummte rasch...*

☐ Sie sprachen nicht weiter.

☐ Sie sprachen schneller.

☐ Sie sprachen lauter.

2   Entweder *Sie setzen sich gerade hin, oder (...)*

☐ Sie sitzen bequemer da,

☐ Sie sitzen aufrecht da,

☐ Sie bleiben stehen, oder (...).

3   Wenn Sie frech werden, *verschwinden Sie sofort!*

☐ Dann gehen Sie plötzlich weg.

☐ Dann müssen Sie gleich weg.

☐ Dann dürfen Sie gar nicht mehr weg.

4   Draußen *ging ein feiner Regen nieder.*

☐ regnete es stark.

☐ regnete es kaum noch.

☐ war es bewölkt.

Ordnung

Was meinst du?

1 Die Polizisten

☐ sind böse.

☐ sind gut.

☐ tun nur ihre Arbeit.

2 Wie steht deiner Meinung nach der Erzähler der „Ordnung" gegenüber?

☐ positiv.

☐ negativ.

☐ neutral.

3 Warum verhalten sich die Polizisten beim ersten Mal anders als beim zweiten Mal?

....

....

....

4 Der letzte Satz enthält einen interessanten Vergleich: *Der Zeiger wippte auf die Eins wie ein Gummiknüppel. Was suggeriert er?*

☐ Die Polizei will auch mit Gewalt Ordnung schaffen.

☐ Die Jungen und Mädchen haben es sehr eilig.

☐ Die Polizisten haben es sehr eilig. Ordnung ist wichtig!

☐ Wir müssen in diesem Staat bei allem an Gewalt denken.

Interpretation

1 Ist das Verhalten der Polizisten deiner Meinung nach gerechtfertigt („legitim")?

2 Wie benehmen sich die jungen Leute? Stören sie die Ordnung?

Arbeit an der Sprache

Ergänze die folgenden Sätze mit den richtigen Präpositionen und Artikeln.

Es war Nacht. Ich kam .... Bahnhof. Ich setzte mich
.... eine Bank .... Bahnhofshalle. Ich kam
.... Kino und musste jetzt .... Zug warten. Ich war
.... ein paar Freunden zusammen. Meine Freundin legte ihren Kopf
.... meine Schulter, weil sie sehr müde war.

Ordnung

Entwicklung

1 Diese Situation ist ziemlich realistisch beschrieben. Es werden mehrere konkrete Elemente genannt; es gibt Angaben der Zeit, des Ortes, sogar des Wetters. Könnte sich dieselbe Szene auch in dem Land/ an dem Ort abspielen, wo du wohnst?

2 Die Geschichte trägt den Titel *Ordnung*, und auch der Polizist spricht dieses Wort aus. Es ist sozusagen das Schüsselwort dieser Geschichte. Womit verbindet der Leser dieses Wort in der Geschichte? Was ist an Ordnung positiv, was negativ?

Ordnung	
positiv	negativ

3 *Ordnung ist das halbe Leben*, so lautet ein deutsches Sprichwort. Soll es demnach Ordnung geben? Und wenn ja, wo und warum? Wo fehlt es an Ordnung? Zum Beispiel: in der Stadt, im Staat, bei dir zu Hause, in deinem Zimmer, in der Schule?

Moderne Märchen

Erich Kästner

Das Märchen vom Glück

Erich Kästner, 1899 in Dresden geboren, kam 1927 nach Berlin, wo er für viele Zeitungen schrieb. Er wurde in den Zwanziger Jahren zu einem der populärsten Schriftsteller und Journalisten Deutschlands. Er schrieb zahlreiche Gedichtbände. Er erhielt mehrere Literaturpreise. Was ihn jedoch berühmt machte, waren seine Kinderbücher. Er starb 1974.

Hauptwerke
Romane: *Emil und die Detektive* (1928); *Das doppelte Lottchen* (1951)

Das Märchen vom Glück

[...]

Er blickte mir prüfend ins Gesicht, und dann erzählte er seine Geschichte. „Das ist lange her", begann er und stützte den Kopf in beide Hände, „sehr lange. Vierzig Jahre. Ich war noch jung und litt am Leben wie an einer geschwollenen[1] Backe[2]. Da setzte sich, als ich eines Mittags verbittert[3] auf einer grünen Parkbank hockte, ein alter Mann neben mich und sagte beiläufig[4]: ,Also gut. Wir haben es uns überlegt. Du hast drei Wünsche frei.' Ich starrte in meine Zeitung und tat, als hätte ich nichts gehört. ,Wünsch dir, was du willst', fuhr er fort, ,die schönste Frau oder das meiste Geld oder den größten Schnurrbart[5] – das ist deine Sache. Aber werde endlich glücklich! Deine Unzufriedenheit geht uns auf die Nerven.' Er sah aus wie der Weihnachtsmann in Zivil. Weißer Vollbart, rote Apfelbäckchen, Augenbrauen[6] wie aus Christbaumwatte[7]. Gar nichts Verrücktes. Vielleicht ein bißchen zu gutmütig. Nachdem ich ihn eingehend betrachtet hatte, starrte ich wieder in meine Zeitung. ,Obwohl es uns nichts angeht, was du mit deinen drei Wünschen machst', sagte er, ,wäre es natürlich kein Fehler, wenn du dir die Angelegenheit vorher genau überlegtest. Denn drei Wünsche sind nicht vier Wünsche oder fünf, sondern drei. Und wenn du hinterher noch immer neidisch[8] und unglücklich wärst, könnten wir dir und uns nicht mehr helfen.' Ich weiß nicht, ob Sie sich in meine Lage versetzen können. Ich saß auf einer Bank und haderte[9] mit Gott und der Welt. In der Ferne klingelten die Straßenbahnen. Die Wachtparade zog irgendwo mit Pauken und Trompeten zum Schloß, und neben mir saß nun dieser alte Quatschkopf[10]!"

„Sie wurden wütend[11]?"

„Ich wurde wütend. Mir war zumute wie einem Kessel[12] kurz vorm Zerplatzen[13]. Und als er sein weißwattiertes Großvatermündchen voll

---

1 **geschwollen** : dick geworden.

2 **e Backe(n)** : rechts und links von der Nase, zwischen Nase und Ohr.

3 **verbittert** : jemand, der lange traurig und böse war, ist verbittert.

4 **beiläufig** : en passant, ohne besondere Betonung.

5 **r Schnurrbart("e)** : Bart über dem Mund.

6 **e Augenbraue(n)** : Haare über den Augen.

7 **e Watte** : weißer Stoff aus Baumwolle.

8 **neidisch** : ist jemand, der haben möchte, was ein anderer hat.

9 **mit Gott hadern** : auf Gott böse sein; nicht mehr wissen, ob man an ihn glaubt.

10 **r Quatschkopf("e)** : jemand, der viele Dummheiten sagt.

11 **wütend** : sehr böse.

12 **r Kessel(=)** : darin kocht man Wasser.

13 **zerplatzen** : explodieren.

neuem aufmachen wollte, stieß ich zornzitternd [1] hervor: ‚Damit Sie alter Esel mich nicht länger duzen [2], nehme ich mir die Freiheit, meinen ersten und innigsten [3] Wunsch auszusprechen – scheren Sie sich zum Teufel! Das war nicht fein und höflich, aber ich konnte einfach nicht anders. Es hätte mich sonst zerrissen.“

„Und?“

„Was ‚Und‘?“

„War er weg?“

„Ach so! – Natürlich war er weg! Wie fortgeweht [4]. In der gleichen Sekunde. In nichts aufgelöst. Ich guckte sogar unter die Bank. Aber dort war er auch nicht. Mir wurde ganz übel vor lauter Schreck. Die Sache mit den Wünschen schien zu stimmen! Und der erste Wunsch hatte sich bereits erfüllt! Du meine Güte! [...] Ich schloß die Augen und flüsterte [5] ängstlich: ‚Ich wünsche mir, daß der alte Mann wieder neben mir sitzt!‘ Wissen Sie, ich habe mir jahrelang, bis in den Traum hinein, die bittersten Vorwürfe [6] gemacht, daß ich den zweiten Wunsch auf diese Weise verschleudert [7] habe, doch ich sah damals keinen Ausweg. Es gab ja auch keinen ...“

„Und?“

„Was ‚Und‘?“

„War er wieder da?“

„Ach so! – Natürlich war er wieder da! In der nämlichen [8] Sekunde. Er saß wieder neben mir, als wäre er nie fortgewünscht gewesen. Das heißt, man sah's ihm schon an, daß er..., daß er irgendwo gewesen war, wo es verteufelt [9], ich meine, wo es sehr heiß sein mußte. O ja. Die buschigen, weißen Augenbrauen waren ein bißchen verbrannt. Und der schöne Vollbart hatte auch etwas gelitten. Besonders an den Rändern. Außerdem roch's wie nach versengter Gans [10]. Er blickte mich vorwurfsvoll an. Dann zog er ein Bartbürstchen aus der Brusttasche, putzte sich Bart und Brauen und sagte gekränkt [11]: ‚Hören Sie, junger Mann – fein war das nicht von

---

1 **zornzitternd** : so böse, dass man die Hand nicht ruhig halten kann.

2 **duzen** : jdn mit du anreden, du zu jdm. sagen.

3 **innig** : sehr intensiv und herzlich

4 **fort | geweht** : vom Wind fortgetragen.

5 **flüstern** : sehr leise sagen.

6 **r Vorwurf(¨e)** : laute Kritik an einer Person.

7 **verschleudern** : fort werfen.

8 **die nämliche** : dieselbe.

9 **verteufelt** : sehr, teuflisch.

10 **es roch nach versengter Gans** : es roch so, wie verbrannte Gans riecht.

11 **gekränkt** : verletzt, beleidigt.

Das Märchen vom Glück

Ihnen!' Ich stotterte [1] eine Entschuldigung. Wie leid es mir täte. Ich hätte doch nicht an die drei Wünsche geglaubt. Und außerdem hätte ich immerhin versucht, den Schaden wieder gutzumachen. ‚Das ist richtig', meinte er. ‚Es wurde aber auch die höchste Zeit.' ‚Dann lächelte er. Er lächelte so freundlich, daß mir fast die Tränen kamen. ‚Nun haben Sie nur noch einen Wunsch frei', sagte er, ‚den dritten. Mit ihm gehen Sie hoffentlich ein bißchen vorsichtiger um. Versprechen Sie mir das? Ich nickte und schluckte. ‚Ja', antwortete ich dann, ‚aber nur, wenn Sie mich wieder duzen'. Da mußte er lachen. ‚Gut, mein Junge', sagte er und gab mir die Hand. ‚Leb wohl. Sei nicht allzu unglücklich. Und gib auf deinen letzten Wunsch acht.' ‚Ich verspreche es Ihnen', erwiderte ich feierlich. Doch er war schon weg. Wie fortgeblasen".

„Und?"

„Was ‚Und'?"

„Seitdem sind Sie glücklich?"

„Ach so. – Glücklich?" Mein Nachbar stand auf, nahm Hut und Mantel vom Garderobenhaken, sah mich mit seinen blitzblanken Augen an und sagte: „Den letzten Wunsch hab ich vierzig Jahre lang nicht angerührt. Manchmal war ich nahe daran. Aber nein. Wünsche sind nur gut, solange man sie noch vor sich hat. Leben Sie wohl."

Ich sah vom Fenster aus, wie er über die Straße ging. Die Schneeflocken umtanzten ihn. Und er hatte ganz vergessen, mir zu sagen, ob wenigstens er glücklich sei. Oder hatte er mir absichtlich nicht geantwortet? Das ist natürlich auch möglich.

Dezember 1947

Erich Kästner, *Der tägliche Kram*, Droemer Verlag, Zürich, 1975.

---

1 **stottern** : nicht fließend sprechen, zum
Beispiel „sp-sp-sprechen".

Das Märchen vom Glück

Verständnis

1 Wann spielt die Geschichte, die hier erzählt wird?

☐ als der Mann vierzig war.
☐ vor vierzig Jahren.
☐ in den Vierziger Jahren.

2 Der erzählende alte Mann saß

☐ zu Hause.
☐ in einem Park.
☐ auf einem Stuhl in einer Bank.

3 Der alte Mann, der sich neben ihn setzte, schenkte ihm

☐ drei Wünsche.
☐ eine schöne Frau.
☐ das Glück.

4 Warum?

☐ weil der Mann immer unglücklich war.
☐ weil der Mann freundlich war.
☐ weil beide da saßen.

5 Der Mann, der die Geschichte erzählt,

☐ glaubte dem Mann.
☐ glaubte dem Mann nicht.
☐ stand auf und ging weg.

6 Der alte Mann verschwand,

☐ weil der Erzähler das gewünscht hat.
☐ weil er ein Zauberer war.
☐ weil er nicht mehr mit dem Erzähler sprechen will.

7 Der zweite Wunsch des Erzählers war,

☐ dass der alte Mann wieder zurückkehrt.
☐ dass er (der Erzähler) reich wird.
☐ dass er (der Erzähler) weiter da sitzen bleiben darf.

8 Was war sein dritter Wunsch?

☐ Dass er ewig leben darf.
☐ Er hat ihn noch nicht ausgesprochen (formuliert).
☐ Dass er immer glücklich sein kann.

Sage es mit anderen Worten

1 *Er sah aus wie der Weihnachtsmann in Zivil*

☐ Er war elegant wie in der Weihnachtszeit.
☐ Er war ein alter Soldat ohne Uniform.
☐ Er trug einen Bart und war dem Weihnachtsmann ähnlich.

2 Ich weiß nicht, *ob Sie sich in meine Lage versetzen können*

☐ ob Sie sich wünschen würden, dort zu sein.
☐ ob Sie sich vorstellen können, an meiner Stelle zu sein.
☐ ob Sie in meiner Wohnung leben möchten.

Das Märchen vom Glück

3 Natürlich war er *weg*
- [ ] verschwunden
- [ ] hinausgegangen
- [ ] abgefahren

4 *Mir wurde ganz übel...*
- [ ] Mir wurde schlecht.
- [ ] Ich fühlte mich gut.
- [ ] Ich wurde böse.

5 Doch, *ich sah damals keinen Ausweg*
- [ ] Ich wusste nicht, ob ich einen anderen Weg gehen konnte.
- [ ] Ich wusste nicht, was ich machen sollte.
- [ ] Ich wusste, dass ich mich verlaufen hatte.

Was meinst du?

1 Vom Aussehen des erzählenden Mannes wissen wir nichts. Wie stellst du ihn dir vor?

2 Wer ist der alte Mann, der drei Wünsche zu vergeben hat?
- [ ] Gott
- [ ] ein Zauberer
- [ ] der Teufel
- [ ] ein normaler Mann, der Tricks macht

3 Warum nutzt der Erzähler den letzten Wunsch nicht?

Interpretation

Der Mann erzählt uns eine merkwürdige Geschichte: er erhält die Möglichkeit, sich drei Wünsche erfüllen zu lassen... Der Mann aber verschwendet die ersten zwei und nutzt den letzten nicht. Was kann die „Moral" dieses Märchens sein? Welche Lehre ziehen wir daraus?

- [ ] Wir wissen nie, was wir wirklich wollen.
- [ ] Es ist besser, noch etwas vor sich zu haben.
- [ ] Was wir uns wünschen, ist nicht mehr so schön, wenn wir es realisiert haben.
- [ ] Wir wollen nichts Besonderes.
- [ ] Wer keine Wünsche und Träume mehr hat, lebt nicht mehr wirklich intensiv.

Das Märchen vom Glück

Arbeit an der Sprache

Wie heißt das Gegenteil zu den folgenden Adjektiven?

lang(e) ⇔ *kurz* ....   weiß ⇔ ....

schön ⇔ ....   alt ⇔ ....

glücklich ⇔ ....   höflich ⇔ ....

Setze die passenden Präpositionen ein

1 Das geht mir .... die Nerven.

2 Ich litt .... Leben.

3 Er roch .... alter Milch.

4 Er kann .... den Wünschen machen, was er will.

5 Er blickte mir .... Gesicht.

Entwicklung

1 Dieses Märchen hat große Ähnlichkeiten mit einem anderen alten Märchen, das aus dem Fernen Osten stammt: *Aladin und die Wunderlampe*. Es gibt aber auch einen großen Unterschied. Welchen?

2 Stell dir vor, auch du bekommst den Besuch eines alten Mannes, der dir sagt, dass du drei Wünsche frei hast. Was würdest du dir wünschen?

Moderne Märchen

Klabund

Der Dichter und der Kaiser

2

Klabund (eigentlich Alfred Henschke) wurde in Cross an der Oder geboren. Seit seiner Jugend leidet er an Tuberkulose, die nie richtig ausheilt. Zeitlebens sind häufige Krankenaufenthalte in der Schweiz und in Italien erforderlich. Er studiert Chemie und Pharmazie, dann Philosophie und Literatur in München, Berlin und Lausanne. In keinem der Fächer macht er einen Abschluss. Angesichts des Kriegs wandelt sich Klabund zum Pazifisten. Dann arbeitet er als Journalist und Dichter. Er stirbt im Alter von 38 Jahren in Davos (Schweiz) an seiner Lungenkrankheit. Die Herkunft des Pseudonyms Klabund, unter dem er seine Werke veröffentlicht, ist nicht eindeutig geklärt. Vielleicht kommt es von „Vagabund" und „Klabautermann".

Hauptwerke

Grotesken: *Kunterbuntergang des Abendlandes* (1922)
Balladen, Mythen, Gedichte: *Das heiße Herz* (1923)
Drama: *Der Kreidekreis* (1945)

Der Dichter und der Kaiser

Ein chinesisches Märchen

Es lebte im alten China zur Zeit der Thangdynastie, welche in große und gefährliche Kriege gegen ihre Nachbarn verwickelt war, ein junger Dichter namens Hen-Tsch-ke, der wagte es eines Tages, sich den Zopf[1] abzuschneiden und also durch die Straßen von Peking zu spazieren. (…). Er wanderte durch Peking – über Land – immer ohne Zopf- und gelangte über die Grenze nach der Provinz Tsch- Wei- Tz, welche sich in den Thangkriegen für neutral erklärt hatte. Von dort richtete er schön auf Seidenpapier und anmutig[2] und bilderreich einen Brief an den Kaiser Thang, in dem er mit jugendlicher Freiheit zu sagen wagte, was eigentlich alle dachten, aber niemand sagte: nämlich: er, der Kaiser, möge doch sich selbst zuerst den veralteten Zopf abschneiden und so seinen Landeskindern (nicht: Untertanen[3] – denn untertan sei man den Göttern oder Buddha) mit erhabenem[4] Beispiel vorangehen und der neuen Zeit ein leuchtendes[5] Symbol geben. Es sei eines großen und überaus mächtigen Reiches nicht würdig, nach außen so stark, nach innen so schwach zu sein. (…)

Die Ratgeber des Kaisers gerieten in große Bestürzung[6]. Sie enthielten dem Sohn des Himmels das Schreiben des Poeten vor und verboten bei Todesstrafe, die darin enthaltenen Ideen ruchbar[7] werden zu lassen. Der junge Dichter liebte sein Vaterland sehr. (…)

Aber seine wahrhaft unschuldig getane Tat wurde ihm von allen Seiten falsch gedeutet[8]. Die Denunzianten bemächtigten sich seiner, während er fern der Heimat weilte[9], und beschuldigten ihn bei den Behörden des Kaisers, des Vaterlandsverrates, der Majestätsbeleidigung, der Desertion; ja: sie gingen so weit, zu behaupten, er habe den Brief im Auftrage der Feinde geschrieben und stehe im Dienste der mongolischen Entente[10]. Er sei ein Ententespion. Andere wieder verdächtigten sein chinesisches Blut und schimpften ihn einen krummnäsigen[11] Koreaner.

Der Dichter wagte eine heimliche Fahrt in die Heimat und erfuhr zu seinem Entsetzen[12], was über ihn gesprochen und geglaubt wurde. Er, der in der Ferne

1 **r Zopf(¨e)** : zusammengebundene und geflochtene Haare.

2 **anmutig** : schön, elegant, graziös.

3 **r Untertan(en)** : Menschen, die unter der Herrschaft eines Kaisers, Königs oder Diktators stehen.

4 **erhaben** : hoch, sublim.

5 **leuchtend** : sehr hell.

6 **e Bestürzung** : s große Erschrecken.

7 **ruchbar** : (etwas Böses wird) bekannt.

8 **deuten** : interpretieren.

9 **weilen** : bleiben, sich aufhalten.

10 **e Entente** : Allianz feindlicher Staaten.

11 **krummnäsig** : mit nicht gerader Nase.

12 **s Entsetzen** : r große Schreck.

Der Dichter und der Kaiser

nur seinen blumenhaften Versen und zarten Tragödien gelebt hatte, wurde beschuldigt, revolutionäre Flugblätter[1] über die Grenze an die Soldaten des Kaisers gesandt zu haben, die dazu aufforderten[2], das Reich dem Feinde preiszugeben[3]. Der junge Poet geriet in Bestürzung und Tränen. Er zog sich wie eine Schnecke ganz in sich selbst zurück, mißtraute auch seinen wenigen Freunden, und reiste heimlich, wie er gekommen war, in die Provinz Tsch-Wei-Tz zurück. (...)

Der Kaiser erfuhr nichts von dem Dichter und seinem Brief und ließ das Schwert und nicht die Liebe regieren.

Der Dichter lebte fürder[4] einsam an einem melancholischen See der Provinz Tsch-Wei-Tz.

Er blickte, das Haupt auf das Kinn[5] gestützt, auf die grünen Palmen und die violetten Berge. Die Möwen[6] kreuzten kreischend[7] über ihm. Sein Herz suchte in manchen Nächten das Herz des Kaisers. Auch der Kaiser spürte[8] auf seinem goldenen Thron zuweilen ein sonderbares Sehnen[9]: er wußte nicht wohin...Er neigte[10] das Haupt in die Hand und dachte angestrengt nach...

Aber die Herzen des Dichters und des Kaisers fanden sich nicht. Ein Gebirge erhob[11] sich steil und felsig, baum- und weglos, zwischen ihnen, und wenn sie nicht gestorben sind, so leben sie heute noch...

Klabund, in: *Märchen deutscher Dichter,* Elisabeth Borchers (Hrsg.), Insel Verlag, Frankfurt/Main, 1972.

---

1 **s Flugblatt(¨er)** : Mini-Zeitung mit Reklame oder politischer Propaganda.

2 **jdn. auffordern (zu etw.)** : kommandieren.

3 **preisgeben** : etwas Geheimes sagen.

4 **fürder** : von nun an.

5 **s Kinn(e)** : unter dem Mund.

6 **e Möwe(n)** : weißer Vogel, der am Meer oder an großen Seen lebt.

7 **kreischen** : laut schreien.

8 **spüren** : fühlen.

9 **s Sehnen** : Gefühl, an einen Ort oder zu einer Person zu wollen.

10 **neigen** : tendieren.

11 **sich erheben** : (wieder) (auf)stehen.

Der Dichter und der Kaiser

Verständnis

1 Richtig oder falsch? Kreuze an, was zutrifft.

		richtig	falsch
a	Der Dichter lebte vor langer Zeit in China.	☐	☐
b	Er nahm am Krieg teil.	☐	☐
c	Er schnitt sich den Zopf ab.	☐	☐
d	Er reiste viel.	☐	☐
e	Er schrieb dem Kaiser Thang einen Brief.	☐	☐
f	Er sagte, der Kaiser sollte mit dem Krieg aufhören.	☐	☐
g	Er sagte nicht alles, was er dachte.	☐	☐
h	Die Ratgeber verurteilten den jungen Dichter zum Tode.	☐	☐
i	Der Vorschlag des Dichters wurde als Verrat interpretiert.	☐	☐
j	Der Dichter blieb im Ausland.	☐	☐
k	Der Dichter liebte sein Land nicht mehr.	☐	☐

2 Es gibt in diesem Märchen – anders als sonst üblich – kein Happy End. Ergänze die folgende Zusammenfassung des Schlussteils.

Der Dichter bleibt in der P...................... Tsch-Wei-Tz. Er betrachtet die Landschaft. Er denkt oft an den K...................... und der K...................... selbst spürt das. Aber die H...................... der beiden treffen sich nicht. Zwischen ihnen steht ein G...................... .

Sage es mit anderen Worten

1 *... und gelangte über die Grenze (...)*
- ☐ kam an die Grenzen
- ☐ kam in ein anderes Land
- ☐ blieb im Heimatland.

3 *... mit erhabenem Beispiel vorangehen (...)*
- ☐ den anderen ein gutes Beispiel geben
- ☐ den anderen ein Beispiel erklären
- ☐ den anderen ein schlechtes Beispiel sein.

2 *Die Ratgeber gerieten in große Bestürzung.*
- ☐ Sie wurden böse.
- ☐ Sie waren erschreckt.
- ☐ Sie fielen auf die Nase.

4 *(...) schimpften ihn einen (krummnäsigen) Koreaner.*
- ☐ Sie beschwerten sich über Koreaner.
- ☐ Sie sagten, er war ein Koreaner und das war für sie etwas Schlechtes.
- ☐ Sie glaubten, der Dichter war ein Koreaner, denn er hatte eine krumme Nase.

Der Dichter und der Kaiser

Was meinst du?

1 Der Zopf symbolisiert die Tradition. Wenn sich der Dichter den Zopf abschneidet, bedeutet das also, dass er ...
Was verlangt der Kaiser von ihm, als er den Kaiser bittet, sich auch den Zopf abzuschneiden? Der Dichter meint, das Reich sei „nach außen so stark, nach innen so schwach". Worin besteht diese Schwäche deiner Meinung nach?

2 Der Dichter zieht in die Provinz Tsch-Wei-Tz. Diese wird nur kurz erwähnt, aber mit bezeichnenden Details beschrieben. Unterstreiche die Wörter im Text, die ihrer Beschreibung dienen. Sie schaffen eine gewisse Atmosphäre. Diese ist

> traurig – locker – melancholisch – schrecklich

Arbeit an der Sprache

Im alt.......China lebte ein jung.......Dichter. Es war eine Zeit von groß.......und gefährlich.......Kriegen. China war ein mächtig.......Reich, nach außen so stark......., nach innen so schwach....... . Er schrieb dem Kaiser einen Brief, aber seine Tat wurde von all.......Seiten falsch.......gedeutet. Die Denunzianten sagten, er stehe im Dienste der mongolisch.......Entente. Andere bezweifelten seine chinesisch.......Herkunft und nannten ihn einen krummnäsig.......Koreaner.

Interpretation

Vervollständige folgende Interpretation des Märchens. Verwende dazu die Wörter

> lieben – Zopf – denken – Brief – Land – Unverständnis – Verse – Verrat

Der Dichter schneidet sich den .... und schreibt dem Kaiser einen ...., in dem es heißt, der Kaiser soll dasselbe tun. Diese Kampfansage an die Tradition wird als ein .... interpretiert; obwohl der Dichter sein Land und den Kaiser ehrlich .... Er lebt in einem anderen .... und von da schreibt er noch .... und Tragödien. Der Dichter .... an den Kaiser und dieser fühlt das, aber zwischen ihnen erhebt sich ein Gebirge. Das Gebirge wird zum Symbol des ....

Entwicklung

Der Dichter schreibt dem Kaiser einen Brief, in dem er ihm einen Ratschlag gibt: Er soll sich den Zopf abschneiden, um den anderen ein Beispiel zu geben. Schreib jetzt einen Brief, in dem du dem Leiter/ Direktor deiner Schule Ratschläge gibst. Sie können Veränderungen/ Verbesserungen in der Organisation betreffen, z.B.: Zeit, Raum, Material, Lehrer und so weiter.

Sehr geehrte Dame / sehr geehrter Herr
ich bin ....
ich möchte ....

Moderne Märchen

3

Hermann Hesse
Die beiden Brüder

Hermann Hesse wurde 1877 in Calw (Württemberg) geboren. Er wurde von seinen Eltern streng religiös erzogen. Nach der Schule für Missionarkinder sollte er das Theologiestudium anfangen, aber er floh bald aus dem Institut. Er reiste viel (u.a. nach Indien) und machte viele Arbeiten. Ab 1919 lebte er in der Schweiz und erwarb die schweizerische Staatsbürgerschaft. 1946 erhielt er den Nobelpreis für die Literatur. In seinen Werken stehen die Themen Freundschaft, Frieden und Toleranz im Vordergrund. Er starb 1963 in Montagnola, Tessin.

Hauptwerke
Romane: *Unterm Rad* (1903);
Siddharta (1922);
Der Steppenwolf (1927)
Erzählungen: *Demian* (1919);
Narziß und Goldmund (1930)

Die beiden Brüder

Es war einmal ein Vater, der hatte zwei Söhne. Der eine war schön und stark, der andere klein und verkrüppelt[1], darum verachtete[2] der Große den Kleinen. Das gefiel dem Jüngeren nun gar nicht, und er beschloss, in die weite, weite Welt zu wandern. Als er eine Strecke[3] weit gegangen war, begegnete ihm ein Fuhrmann, der ihm erzählte, er müsse den Zwergen ihre Schätze in einen Glasberg fahren. Der Kleine fragt ihn, was der Lohn[4] sei. Er bekam die Antwort, er bekam als Lohn einige Diamanten. Da wollte der Kleine auch gern zu den Zwergen gehen. Darum fragte er den Fuhrmann, ob er glaube, dass die Zwerge ihn aufnehmen wollten. Der Fuhrmann sagte, das wisse er nicht, aber er nahm den Kleinen mit sich. Endlich kamen sie an den Glasberg, und der Aufseher[5] der Zwerge belohnte den Fuhrmann reichlich für seine Mühe[6] und entließ ihn. Da bemerkte er den Kleinen und fragte ihn, was er wolle. Der Kleine sagte ihm alles. Der Zwerg sagte, er solle ihm nur nachgehen. Die Zwerge nahmen ihn gern auf, und er führte ein herrliches[7] Leben.

Nun wollen wir auch nach dem anderen Bruder sehen. Diesem ging es lang daheim sehr gut. Aber als er älter wurde, kam er zum Militär und musste in den Krieg. Er wurde am rechten Arm verwundet und mußte betteln[8]. So kam der Arme auch einmal an den Glasberg und sah einen Krüppel dastehen, ahnte[9] aber nicht, dass es sein Bruder sei. Der aber erkannte ihn gleich und fragt ihn, was er wolle: „O mein Herr, ich bin an jeder Brotrinde[10] froh, so hungrig bin ich." „Komm mit mir" sagte der Kleine, und ging in eine Höhle[11], deren Wände von lauter[12] Diamanten glitzerten. „Du kannst dir davon eine Handvoll nehmen, wenn du die Steine ohne Hilfe herunterbringst" sagte der Krüppel. Der Bettler versuchte nun mit seiner gesunden Hand etwas von den Diamantenfelsen[13] loszumachen[14], aber es ging natürlich nicht. Da sagte der Kleine: „Du hast vielleicht einen Bruder,

1 **verkrüppelt** : jemand, der nicht wie die anderen laufen, essen, gehen etc. kann – heute sagt man: behindert.

2 **verachten** : jdn nicht respektieren, nicht ansehen wollen.

3 **die Strecke(n)** : ein Stück Weg.

4 **der Lohn(¨e)** : den bekomme ich, wenn ich gearbeitet habe.

5 **der Aufseher(=)** : jd., der andere kontrolliert.

6 **die Mühe(n)** : was nicht leicht ist, kostet M.

7 **herrlich** : wunderbar.

8 **betteln** : um Almosen (Geld) bitten.

9 **ahnen** : vorher fühlen.

10 **Brotrinde(n)** : harter Rand von einer Scheibe Brot.

11 **Höhle(n)** : unter der Erde wohnen Bären (und früher auch Menschen) in H.

12 **lauter** : nur, nichts anderes.

13 **Diamantenfels(en)** : Stein mit Diamanten drin.

14 **los | machen** : frei machen / lösen.

Die beiden Brüder

ich erlaube dir, daß er dir hilft." Da fing der Bettler an zu weinen und sagte: „Wohl hatte ich einst einen Bruder, klein und verwachsen[1], wie Sie, aber so gutmütig und freundlich, er hätte mir gewiss geholfen, aber ich habe ihn lieblos von mir gestoßen[2], und ich weiß schon lang nichts mehr von ihm". Da sagte der Kleine: „Ich bin ja dein Kleiner, du sollst keine Not leiden, bleib bei mir."

Hermann Hesse, *Märchen*, Suhrkamp Verlag, Frankfurt/Main, 1975.

Verständnis

1 Wie waren die zwei Söhne?

Sohn 1 ....

Sohn 2 ....

2 Warum verachtete der Große den Kleinen?

3 Was musste der Fuhrmann für die Zwerge tun?

4 Was wollte der Kleine?

5 Was machte der Große? Ergänze:

Er blieb ...., aber dann musste er in den .... gehen. Er wurde hier .... und wurde auch, wie der Bruder, ... Er musste .... Er kam einmal zum Glasberg, und hier traf er den Bruder.

6 Am Ende spricht der Große mit dem Kleinen, ohne zu wissen, dass er sein Bruder ist. Ergänze die Sätze:

   – Der Große bittet um ...., der Kleine zeigt ihm ....

   – Der Große versucht, Diamanten von der Wand zu nehmen, aber ....

   – Der Kleine erlaubt ihm, sich von seinem Bruder ....

   – Der Große antwortet, dass er .... habe, aber ....

7 Jetzt erzähl das Ende mit deinen Worten.

....

....

....

---

1 **verwachsen** : nicht gerade, nicht „normal" gewachsen.

2 **von mir gestoßen** : auf Distanz gehalten; weggeschickt.

Die beiden Brüder

Sage es mit anderen Worten

1 (...) *der Aufseher der Zwerge belohnte den Fuhrmann reichlich für seine Mühe.*

☐ Er gab ihm Geld

☐ Er machte ihm viel zu essen

☐ Er machte ihn sehr, sehr reich

2 (...) *deren Wände von lauter Diamanten glitzerten.*

☐ In der Höhle gab es Säcke voller Diamanten.

☐ Die Wände der Höhle waren mit Diamanten bedeckt.

☐ In der Höhle waren lauter Leute, die die Diamanten bewunderten.

3 (...) *aber es ging natürlich nicht.*

☐ Der große Bruder ging weg.

☐ Der große Bruder schaffte es nicht, die Diamanten von der Wand zu lösen.

☐ Der große Bruder ging nicht mit dem Kleinen mit.

Was meinst du?

1 Warum will der Kleine bei den Zwergen bleiben?

2 Im Text steht „...und er führte ein herrliches Leben". Was für ein Leben ist das deiner Meinung nach?

☐ Er tut den ganzen Tag nichts.

☐ Er arbeitet, hat aber mit den anderen Zwergen Spaß.

☐ Er ist mit einer Zwergin verheiratet und hat viele kleine Kinder.

3 Hermann Hesse lebte im zwanzigsten Jahrhundert. Lies die Biographie und erkläre, auf welchen Krieg sich der Text beziehen könnte?

4 Warum zog der kleine Bruder nicht in den Krieg?

Arbeit an der Sprache

1 Setze die folgenden Sätze in die indirekte Rede (Wenn du kannst, benutze den Konjunktiv I dabei!).

– Der Große sagte: „Oh mein Herr, ich bin an jeder Brotrinde froh, so hungrig bin ich."

– „Komm mit mir", sagte der Kleine.

– „Du kannst dir davon eine Handvoll nehmen, wenn du Steine ohne Hilfe herunterbringst " sagte der Kleine.

– Da sagte der Kleine: „Du hast vielleicht einen Bruder, ich erlaube dir, dass er dir hilft."

Die beiden Brüder

2 Finde die Gegenteile zu den folgenden Adjektiven:

> schön – weit – froh – gesund – gutmütig – lieblos

Interpretation

In dieser Kurzgeschichte werden moralische Werte hervorgehoben. Welche?
Begründe deine Meinung.

☐ Liebe ....

☐ Vergebung ....

☐ Mitleid ....

☐ Freundschaft ....

☐ Brüderlichkeit ....

☐ Großzügigkeit ....

☐ Toleranz ....

☐ Selbstlosigkeit ....

Entwicklung

Hier wird die Welt der Zwerge erwähnt, aber nicht direkt beschrieben. Wie stellst du
sie dir vor? Schreib einen kurzen Aufsatz (max. 100 Worte) mit diesem Titel: „Die Welt
der Zwerge".

Du könnest so beginnen:
*Zwerge leben in einer Welt, die ganz anders ist als unsere / die unserer Welt sehr
ähnlich ist.*

„Andere"
Geschichten

Thomas Bernhard
Mildtätig

1

Thomas Bernhard wurde 1931 als Sohn österreichischer Eltern in Holland geboren. Ab 1952 studierte er Gesang und Musik an der Akademie für Musik und darstellende Kunst; dann wandte er sich dem Schreiben zu. Berühmt wurde er 1963 mit dem Roman *Frost*.

In der letzten Phase seiner Karriere arbeitete er mit dem Theaterregisseur Rudolf Peymann zusammen, der seine Werke mit großem Erfolg in Bochum und dann in Wien inszenierte. Er starb 1989.

Die Themen dieses Autors sind oft autobiographisch geprägt; er zeigt sich der Gesellschaft gegenüber kritisch.

Hauptwerke

Romane: *Verstörung* (1967);
Alte Meister (1985)

Dramen: *Der Theatermacher* (1984);
Heldenplatz (1989)

Mildtätig

Eine uns benachbarte alte Dame war in ihrer Mildtätigkeit zu weit gegangen. Sie hatte, wie sie geglaubt hatte, einen armen Türken zu sich genommen, welcher anfänglich auch über die Tatsache, dass er jetzt nicht mehr in einer zum Abreißen[1] bestimmten Bauhütte existieren mußte, sondern jetzt, durch die Mildtätigkeit der alten Dame in einem großen Garten gelegenen Stadthaus leben durfte, dankbar gewesen war. Er hatte sich bei der alten Dame als Gärtner nützlich gemacht und war von ihr nach und nach nicht nur eingekleidet, sondern tatsächlich verhätschelt[2] worden. Eines Tages war der Türke auf dem Polizeikommissariat erschienen und hatte angegeben, er habe die alte Dame, die ihn aus Mildtätigkeit ins Haus genommen habe, umgebracht. Erwürgt[3], wie die Gerichtskommission[4] bei einem sofort angesetzten Lokalaugenschein[5] festgestellt hatte. Als der Türke vor der Gerichtskommission gefragt worden war, warum er die alte Dame umgebracht und also erwürgt habe, antwortete er, aus Mildtätigkeit.

Thomas Bernhard, *Der Stimmenimitator,* Suhrkamp Verlag, Frankfurt/Main, 1978.

Verständnis

1 Das Haus der Dame lag
- [ ] in der Stadt.
- [ ] in einem Dorf.
- [ ] im Ausland.

2 Bei der Frau
- [ ] tat er nichts.
- [ ] arbeitete er als Gärtner.
- [ ] arbeitete er als Kellner.

3 Der Türke
- [ ] verließ das Haus.
- [ ] ermordete die Frau.
- [ ] ermordete alle Leute im Haus.

4 Der Türke
- [ ] wurde von der Frau angezeigt.
- [ ] kam freiwillig zur Polizei.
- [ ] wurde von der Polizei verhaftet.

1 **ab I reißen** : ein altes Haus kaputt machen. *∕to spil*

2 **verhätscheln** : nur die besten Sachen geben, zu lieb sein zu jdm. (einem Kind oder Hund).

3 **erwürgen** : töten (mit der Hand den Hals zudrücken).

4 **e Gerichtskommission(en)** : die Kommission von Juristen.

5 **r Lokalaugenschein** : Juristen sehen sich den Ort des Delikts an.

Mildtätig

Sage es mit anderen Worten

1 Eine uns *benachbarte* alte Frau
   - [ ] eine Frau mit Bart.
   - [ ] eine Frau, die bei uns in der Nähe wohnt.
   - [ ] eine Frau, die mit uns verwandt ist.

2 *...war in ihrer Mildtätigkeit zu weit gegangen.*
   - [ ] ...war mildtätig zu weit von ihrem Haus weg gegangen.
   - [ ] hatte übertrieben.
   - [ ] war bei mildem Wetter sehr weit hinausgegangen.

3 *Er hatte sich als Gärtner nützlich gemacht.*
   - [ ] Im Garten hatte er etwas Nützliches gemacht.
   - [ ] Er hatte als Gärtner gearbeitet.
   - [ ] Er hatte einen Gärtner ausgenutzt.

Arbeit an der Sprache

Forme die Partizipialkonstruktionen in Relativsätze um.

1 in einer zum Abreißen bestimmten Bauhütte (...)
   in einer Bauhütte, die ....

2 in einem großen Garten gelegenen Stadthaus (...)
   in einem Stadthaus, das ....

3 bei einem sofort angesetzten Lokalaugenschein (...)
   bei einem Lokalaugenschein, der ....

Was meinst du?

Kreuze die Antwort an, die deiner Meinung nach richtig ist und begründe deine Wahl.

1 Wo und wann spielt die Geschichte?
   Wo:
   - [ ] in Europa
   - [ ] außerhalb Europas

   Wann:
   - [ ] in weit entfernter Vergangenheit
   - [ ] in unserem Jahrhundert

Mildtätig

2 Bevor er bei der Dame wohnte, lebte der Türke

☐ in Armut.

☐ arm, aber zufrieden.

☐ ziemlich gut.

3 Die Frau lebt angeblich allein. Ist die Frau, wie du sie dir vorstellst,

☐ unverheiratet?

☐ eine Witwe?

☐ verheiratet, lebt aber getrennt?

4 Der Autor sagt, die alte Dame nimmt den Türken aus Mildtätigkeit auf. Was meinst du, veranlasste sie dazu?

☐ Mitleid

☐ Großzügigkeit

☐ Milde.

Interpretation

„Mildtätigkeit" ist das Schlüsselwort der Geschichte. Was bedeutet es hier?

1 Interpretation 1: Die Frau hat etwas Gutes getan und dem Türken geholfen. Sie hat ihm gegeben, was er brauchte: eine Wohnung, eine Arbeit, Liebe (sie hat ihn „verhätschelt"). Der Türke hat sich revanchiert und der alten Frau geholfen. Warum könnte der Tod für die alte Dame besser sein als das Leben?

2 Interpretation 2: Wir helfen jemandem, der schwächer ist. Der, dem geholfen wird, weiß das. Die Frau heißt es im Text, ist „zu weit gegangen": sie hat nicht aufgehört, sich „mildtätig" zu zeigen, sie hat den Türken „verhätschelt".

a Wie wird sich der Türke gefühlt haben?

b Warum hat er sie dann getötet?

c Er hat Böses getan, und sagt dann, Mildtätigkeit sei sein Motiv gewesen. Warum kann er das sagen?

d Zum Abschluss: Warum hat er sie getötet? Hätte er etwas anderes tun können?

Entwicklung

Stell dir vor, du bist der Kommissar. Du befragst den Türken, der sich freiwillig bei dir gemeldet hast. Stell die „klassischen" Fragen: wer, wo, wann, wie, warum. Du kannst diesem Beispiel folgen:

Kommissar: Wo haben Sie sie ermordet?
Türke: Wir waren…

„Andere"
Geschichten

Alfred Döblin

Märchen der Technik

Alfred Döblin wurde als Sohn armer Eltern in Stettin geboren. Nach dem Medizinstudium arbeitete er als Arzt für Nervenkrankheiten in Berlin. 1933 wurden seine Bücher öffentlich verbrannt und er emigrierte nach Paris, 1940 in die USA. 1945 kehrte er nach Deutschland zurück, aber er war von der Politik des neuen Deutschland so enttäuscht, dass er zum zweiten Mal nach Frankreich zurück kehrte. Er starb 1957 in Freiburg im Breisgau.

Hauptwerke
Romane: *Wallenstein* (1920);
Berlin Alexanderplatz (1929)

Märchen der Technik

Dies ist eine wahre Geschichte, und sie zeigt, daß sogar in den hellsten Zeiten Wunder[1] möglich sind.

Da war in der Ukraine ein kleines jüdisches Städtchen, da saß ein Vater mit seiner Familie, es war noch vor dem Krieg, der Zar regierte in Petersburg, in der Ukraine aber saß die „Schwarze Hand" und regierte auch. Und einmal brauchten einige Leute wieder Geld, und die Juden waren doch da und hatten gute Geschäfte gemacht, da ließ man was herumerzählen, von Ostern, von einem schlechten Wort über die Popen, und ein Jude hat gelacht, wie einer was gesagt hat von der Heiligen Mutter Gottes zu Czenstochau[2], und so und noch anderes wurde vorbereitet, die Schwarze Hand aber hat alles nachbereitet, auch daß die Polizei gerade ein Fest hatte, und der Herr Oberis[3] saß beim Festmahl, grade an dem Tag. [...] Blut fließt, die jüdischen Leute sind aber auch keine Kinder, und endlich fließt auch Blut drüben, man wird sich nicht von bösen Tieren zerreißen lassen. Und da ist ein Vater, der sein Haus gut, gut beschützt hat, und ein Beil[4] hat er auch bei dem Pogrom[5] gehabt, und es werden wohl einige das Beil gesehen haben – und da hat der Vater gedacht: ‚Es ist besser, wir warten nicht erst auf die Untersuchung und[6] den Prozeß', und ist mit der Familie auf und davon[7], und weil es heimlich[8] ging, hat er die beiden großen Söhne getrennt und gesagt: „Lemberg[9]!" hat ihnen Geld gegeben. Aber nur den einen hat er dann wiedergesehen. Den andern, der schon so schön singen konnte, der kam nicht wieder. Keine Silbe[10] hat man je von ihm gehört. Verschlungen vom Erdboden war der geliebte Sohn. Vater und Mutter zogen in eine kleine Stadt, die Verwandten taten für sie, was sie konnten, man kam wieder hoch, man kam auch durch den Krieg. Aber weder Vater noch Mutter wurden mehr froh. Der liebe Sohn war weg. [...]

Und die Zeit verging, die Mutter starb, dem Vater ging es schlimm, der

---

1 **s Wunder(=)** : etwas, was normalerweise nicht passiert.

2 **e Heilige Mutter Gottes in Czenstochau** : viele Tausend polnische Katholiken pilgern jedes Jahr zu dieser Figur der Madonna.

3 **r Oberst** : hoher Offizier (unter dem General).

4 **s Beil(e)** : e Axt; Instrument, mit dem man Holz klein schlägt.

5 **r Progrom(e)** : Aggression (Mord) an ethnischen Gruppen.

6 **e Untersuchung(en)** : Suche „Analyse" der Fakten durch die Polizei.

7 **auf und davon (gehen)** : fliehen, weggehen.

8 **heimlich** : so, dass niemand etwas sieht oder weiß.

9 **Lemberg** : kleine Stadt in Polen, heute: Lwow (in der Ukraine).

10 **e Silbe(n)** : Stück von einem Wort, zum Beispiel „Sil – be".

Märchen der Technik

Sohn unterstützte [1], und die Verwandten halfen. Der Vater aber saß noch immer, wo gesungen wurde, und dachte: ‚Wie hat mein Iizchak gesungen, eine schöne, schöne Stimme, wo gibt es heute noch solche Stimmen.' Aber daß er so viel hörte und in Konzerte ging, das war die Fügung Gottes. Die Mutter war weggestorben, aber der Vater sollte wissen, daß Gott lebte und ihn nicht vergaß.

Da schenkte ihm der Vorsteher der Gemeinde [2], wie er siebzig alt war, ein Grammophon, und das ließ er sich vorspielen, und sein Ältester brachte ihm noch das Neuste, einen Radioapparat, damit konnte man hören, weit, weit, wo gesungen wurde, wo gesungen wurde auf der ganzen Welt, von wem auch immer. Aber Iizchak singt nicht mit.

Und er hörte Tag für Tag alle Stimmen ab, so viele, so schmetternde [3], und die Schlager, die sie jetzt machen, wonach sie tanzen.

Und eines Mittags gegen zwölf spielte wieder sein Apparat, und die Schwiegertochter kochte in der Küche, da ging die Tür auf, und der alte Vater, das Käppchen [4] schief auf dem Kahlkopf [5], kam schreiend heraus, hat große große Augen und schreit- „Rosalie, hör doch, hör doch!" Gottes willen, was ist mit dem Mann, ich lauf rüber zu Jankel. „Hör doch, Rosalie, er singt, es ist Iizchak! Rosalie, mein Kind, hör doch, Iizchak ist es!" Und sie muß ihn festhalten und zu einem Küchenstuhl führen, den alten Mann, die Musik hat geendet, es war ein Tempelgesang, jetzt kam ein Gassenhauer, sie wollte abstellen, stell nicht ab, vielleicht kommt es noch mal.

Was ist weiter zu erzählen. Sie haben auf den Alten gehört, der Sohn ist mit ihm nach Warschau gefahren, sie haben die Platte gefunden, und auf der Platte stand sein Name, ein englischer, er war ein amerikanischer Kantor, ein berühmter Mann, sie fanden noch eine andere Platte von ihm in Warschau.

Und dann gingen die Telegramme hin und her und wirklich, es war Iizchak, der mit einem Schub [6] nach Amerika gegangen war, er hatte nach den Eltern geforscht in Rußland, aber dann kam der Krieg, und wie sollte er dann suchen.

Und das hat das Radio gemacht, und das ist die Technik, und sie hat einen Sohn wieder zu seinem Vater geführt, und beide wissen, Gott lebt, und wer an ihn glaubt, kann auf ihn bauen.

Alfred Döblin, in: *Märchen deutscher Dichter,* Elisabeth Borchers (Hrsg.), Insel Verlag, Frankfurt/Main, 1972.

---

1 **unterstützen** : (finanziell) helfen.

2 **e Gemeinde(n)**: lokale, religiöse Einheit mit einem Priester.

3 **schmetternd** : laut und energisch.

4 **s Käppchen(=)** : kleine Kappe (Kepi, jüdische Kopfbedeckung).

5 **r Kahlkopf(¨e)** : Kopf ohne Haare.

6 **r Schub(¨e)** : (hier) die Gruppe.

Märchen der Technik

Verständnis

1 Am Anfang dieser Geschichte heißt es: *dies ist eine wahre Geschichte*. Da ist es nur konsequent, dass die Angaben über Zeit, Ort und Leute ziemlich genau sind. Ergänze die fehlenden Informationen mit Hilfe des Texts:

Wann? ....

Wo? ....

Wer? ....

2 Die folgende kurze Zusammenfassung ist durcheinandergeraten. Ordne die Textstücke:

☐ Der Vater einer der jüdischen Familien hat sich versteckt.

☐ Die „Schwarze Hand" ließ herumerzählen, dass die Juden etwas gegen die Popen gesagt hatten.

☐ Die Leute brauchten Geld.

☐ Die Leute ärgerten sich über die Juden.

☐ Einer der Söhne dieser Familie war verschwunden.

3 Wie geht die Geschichte aus? Versuch mit deinen eigenen Worten den Schluss zu erzählen oder ergänze den folgenden Text mit Hilfe der Wörter aus dem Schüttelkasten:

> Krieg – siebzig – ist gestorben – Sänger – Radio – gefunden
> Stimme – gesucht – Amerika

Die Mutter ...., der Vater wird .... und er bekommt ein Geschenk: ein Radio. Eines Mittags spielt das ...., als er die .... seines Sohnes Iizchak hört. Dieser war nach .... gefahren, dann kam der .... Er hatte sie ...., aber nicht mehr .... Er war ein berühmter .... geworden!

Sage es mit anderen Worten

1 Und *ist mit der Familie auf und davon*

☐ hat die Familie aufgeteilt

☐ ist mit der Familie weggegangen

☐ hat mit der Familie davon gesprochen.

2 *Keine Silbe hat man je von ihm gehört*

☐ Man hat nichts mehr von ihm gehört.

☐ Er hat nicht mehr gesprochen.

☐ Er konnte nicht mehr singen.

3 *Man kam auch durch den Krieg*

☐ Die Kriegszeit ging vorbei.

☐ Man überlebte den Krieg.

☐ Man kämpfte im Krieg.

4 *(...) da ging die Tür auf*

☐ jemand kam ins Haus

☐ die Tür wurde geöffnet

☐ die Tür ging kaputt

Märchen der Technik

Was meinst du?

1 dass (...) sogar in den *hellsten* Zeiten Wunder möglich sind
   - ☐ schönsten
   - ☐ modernsten
   - ☐ erleuchteten

2 Die Schwarze Hand regierte. Was ist die *Schwarze Hand?*
   - ☐ eine gefährliche Krankheit
   - ☐ eine jüdische Gruppe
   - ☐ eine kriminelle Organisation

3 D*ie jüdischen Leute sind aber auch keine Kinder*
   - ☐ die „jüdischen Leute" reagierten
   - ☐ die „jüdischen Leute" waren alle Erwachsene
   - ☐ die „jüdischen Leute" schützten und liebten ihre Kinder.

4 Diese Kurzgeschichte trägt den Titel *Märchen der Technik*. Warum wohl? Welche Rolle spielt die Technik hier in diesem Text?
   - ☐ Technik bedeutet Krieg.
   - ☐ Die Russische Revolution technisiert alles.
   - ☐ Technik ist Kommunikation.

Interpretation

Die Moral steht in dieser Kurzgeschichte, wie oft, am Ende und zwar in dem Satz:
... und beide wissen, Gott lebt, und wer an ihn glaubt, kann auf ihn bauen.
Was heißt das?

☐ Beide wissen, dass Gott ihnen hilft, um etwas zu bauen.

☐ Wer an Gott glaubt, dem wird geholfen.

☐ Gott lebt und baut für die Menschen.

Entwicklung

1 In dieser Geschichte wird von einer antisemitischen Episode erzählt. In der Geschichte unserer Länder gibt es viele solche Episoden. Kannst du eine nennen?

2 Das *Märchen von der Technik* ist der Titel dieser „wirklichen" Geschichte. Was ist daran wie im Märchen? Warum könnte der Autor diesen Titel gewählt haben?

„Andere"
Geschichten

Günter Bruno Fuchs
Eine Reise

Günter Bruno Fuchs wurde 1928 in Berlin geboren. Dort studierte er an der Hochschule für bildende Kunst. Dann arbeitete er als Clown in einem Wanderzirkus. Nach 1950 lebte er in Westdeutschland, wo er als freier Mitarbeiter für Zeitungen und dann als Publizist und Schriftsteller arbeitete. Danach arbeitete er als Publizist und Schriftsteller. Er verfasste Kinderbücher, Anekdoten, Märchen, Fabeln und Lieder. Er starb 1977 in Berlin.

Hauptwerke

Romane: *Zigeunertrommel* (1956); *Trinkermeditationen* (1962)

Eine Reise

Friedrich und sein Freund Charles lesen Abenteuergeschichten. Sie lesen da so allerhand[1] vom Meer und nicht weniger von alten Schiffen. Wind ist auch dabei, sogar ein Sturm[2].

Beide, der Friedrich und der Charles, sparen und sparen und sparen. Dann zerkloppen[3] sie die Sparbüchse[4]. Genug Geld für zwei Fahrkarten hin und zurück liegt auf dem Tisch, kullert[5] auf dem Fußboden, ein paar Mark unters Bett.

Sie fahren hin zum gewaltigen Meer. Doch das Meer ist ausgetrunken, kein Wasser mehr da. Wer hat das getan? Da lacht eine Lachmöwe[6] in ihrer Nähe. Sie fliegt weg. Friedrich und Charles finden sofort, daß in dieser Gegend keine Abenteuer zu finden sind. Sie fahren zurück und lesen Abenteuergeschichten. Die Reise soll ihnen kreuzweise[7].

Günter Bruno Fuchs, *Gesammelte Fibelgeschichten und letzte Gedichte;* Carl Hanser Verlag, München, 1978.

Verständnis

Beantworte folgende Fragen.

1 Warum wollen die zwei Freunde ans Meer fahren?

2 Wofür reicht das Geld?

3 Wie ist das Meer?

4 Sind sie schließlich über ihr Abenteuer froh?

5 Was finden sie jetzt besser als wirkliche Abenteuer?

1 **allerhand** : viele verschiedene Dinge; alles Mögliche.

2 **der Sturm(¨e)** : starker Wind.

3 **zerkloppen** : in Stücke schlagen.

4 **die Sparbüchse(n)** : Topf oder Schwein aus Porzellan, in dem wir Geld sparen.

5 **kullern** : rollen.

6 **Lachmöwe(n)** : weißer Vogel, der am Meer lebt.

7 **kreuzweise** : in der Form eines Kreuzes ... am Arsch (vulgär für: Popo) lecken (vulgär).

Eine Reise

Sage es mit anderen Worten

Finde die entsprechenden Ausdrücke im Text.

1 Sie geben so wenig Geld aus wie möglich.

2 In Abenteuergeschichten kommen Elemente wie schlechtes Wetter vor.

3 Reisen interessiert sie nicht mehr.

Was meinst du?

1 Sind Friedrich und Charles deiner Meinung nach jung oder alt?

2 Die Lachmöwe ist ein ganz normaler Vogel. Sie kann hier allerdings als Symbol interpretiert werden – für was oder für wen?

3 Das Meer ist ausgetrunken... es gibt kein Wasser mehr. Aus welchem Grund/ aus welchen Gründen könnte das passiert sein? Wer hat das ganze Meer verbraucht oder „konsumiert"?

Arbeit an der Sprache

Der Text steht im Präsens. Setze die Verben ins Präteritum, wo es möglich ist.

Interpretation

1 Die zwei Freunde sind am Ende enttäuscht, weil sie nicht gefunden haben, was sie suchten. Was suchten sie?

2 Sie werden dann Bücher lesen, in denen sie finden, was sie wünschen. Ist das deiner Meinung nach eine gute Entscheidung?

Entwicklung

In dieser Kurzgeschichte dreht sich alles um das Thema Reisen. Reist du gern? Sparst auch du wie die zwei Freunde Geld, um verreisen zu können? Wohin möchtest du fahren und warum? Geht es dir auf Reisen manchmal wie den beiden Freunden?

1 Die Kurzgeschichte

Dieses Buch enthält 14 Kurzgeschichten. Was ist eine Kurzgeschichte eigentlich? Der Name verrät es schon: eine Geschichte, die kurz ist.
Ebenso wie Romane, Gedichte und Dramen gehören auch Kurzgeschichten einer eigenen literarischen Gattung an. Eine literarische Gattung weist spezifische Merkmale auf und das gilt sowohl für die deutsche Literatur als auch für die italienische und andere Literaturen. Sicher hast du in der Schule, in deiner Muttersprache oder in anderen Sprachen, schon Kurzgeschichten gelesen.
Mit Hilfe des folgenden Quiz' kannst du die Merkmale dieser literarischen Gattung selbst zusammenstellen.

1 Die Kurzgeschichte ist
  - [ ] in Prosa geschrieben.
  - [ ] in Versen geschrieben.
  - [ ] eine Mischung von Prosa und Versen.

2 Ihre Länge beträgt:
  - [ ] eine Seite bis zu fünfzig, sechzig Seiten.
  - [ ] wenige Zeilen bis höchstens sechs, sieben Seiten.
  - [ ] zwei bis ungefähr zehn Seiten.

3 Sie
  - [ ] ist eine in sich abgeschlossene Erzählung.
  - [ ] kann Teil einer Sammlung sein.
  - [ ] muss Teil einer Sammlung sein.

4 Sie ist
  - [ ] eine rein moderne Form.
  - [ ] eine literarische Form, die aus dem Mittelalter stammt.
  - [ ] eine literarische Form, die immer existiert hat.

5 Welches von diesen Werken besteht aus Kurzgeschichten?
  - [ ] *Faust* von Goethe
  - [ ] *Decameron* von Bocaccio
  - [ ] *Die Verlobten (I promessi sposi)* von Manzoni

6 Wie bezeichnet man eine Kurzgeschichte im Italienischen?
  - [ ] fiaba
  - [ ] racconto breve
  - [ ] romanzo breve

7 Und im Englischen?
  - [ ] short story
  - [ ] short novel
  - [ ] short poem

2 Kurzgeschichte und Roman

Kurzgeschichte und Roman: Was unterscheidet diese beiden Gattungen voneinander? Die Kurzgeschichte muss sehr kurz sein; das bedeutet also auch, dass sie eine Reihe bestimmter Merkmale aufweisen muss, wie etwa folgende:

1 Eine beschränkte Anzahl von Hauptpersonen. Oft ist es sogar nur eine einzige.

2 Es gibt keine längere, zeitliche Entwicklung.

3 Die Handlung wird nicht aus vielen verschiedenen Perspektiven dargestellt.

4 Die Handlung darf keine großen Sprünge machen; der Leser soll fähig sein, die Geschichte auf einmal zu lesen, ohne Unterbrechung. Abschweifungen fehlen.

5 Anders als der Roman spitzt sich die Kurzgeschichte zu einem effektvollen Abschluss zu.

   a Du hast sicher mehr als einen Roman gelesen. Kannst du ein paar Titel aufschreiben?

   ....

   b Kannst du jetzt ein paar Titel von Kurzgeschichten nennen? Denk auch an die Schullektüren (Bocaccio, Edgar Allan Poe...) und an deine Kinderbücher.

   ....

6 Wenn wir an zwei Werke denken, welche die meisten von uns kennen, *I promessi sposi* von Manzoni und das Märchen *Rotkäppchen*, werden die Unterschiede zwischen den zwei Gattungen klarer.

   – Im Roman *I promessi sposi* gibt es viele Hauptfiguren, z.B. ...., ..., ...; in *Rotkäppchen* spielen nur vier Personen eine Hauptrolle: Rotkäppchen, der W...................., ..., ...

   – Ort und Zeit werden in den *Promessi sposi* angegeben, in Rotkäppchen ist die Zeit ....

   – In den *Promessi sposi* wechselt der Ort der Handlung (die Stadt, das Land, der See); in *Rotkäppchen* spielt die Handlung an zwei (oder drei) Orten, und zwar:.................... .

In den *Promessi sposi* gibt es mehr als eine Handlung (es werden die Geschichten verschiedener Personen erzählt); in *Rotkäppchen* gibt es nur eine Handlung.

3 Kurzgeschichten im vorliegenden Buch

Es gibt verschiedene Arten von Kurzgeschichten; deshalb sind die Kurzgeschichten, die in unserem Buch enthalten sind, in verschiedene Gruppen eingeteilt. Jede Gruppe hat einen Titel, der sich auf die Hauptmerkmale der jeweiligen Kurzgeschichten bezieht.
Die Unterteilung könnte auch nach anderen Kriterien erfolgen, etwa nach Themen oder Erzählelementen; oder man könnte sie auch unter einem anderem Titel zusammenstellen. Zum Beispiel könnten die Kurzgeschichten, die hier unter dem Titel „Eine Welt voller Symbole" stehen, auch „Lehrgeschichten" oder „Parabeln" genannt werden.

4 „Eine Welt voller Symbole"

Was bedeutet *eine Welt voller Symbole?*
Einfach ausgedrückt ist ein Symbol etwas, was für etwas anderes steht. In diesen Kurzgeschichten steht jedes Element für etwas anderes, so dass es für die ganze Kurzgeschichte stets zwei Lesarten gibt: eine oberflächliche und eine „tiefere", symbolische. Auf den ersten Blick könnte so etwa die Kurzgeschichte *Gibs auf* wie eine normale Erzählung wirken: Ein Mann verläuft sich und bittet einen Schutzmann um Auskunft, der aber gibt ihm eine seltsame Antwort. Und eben diese seltsame Antwort treibt uns dazu, eine weitere Interpretation zu suchen. „Unter" oder „hinter" einem normalen Ereignis entdecken wir also eine Welt voller Symbole.
Vergleichen wir jetzt die Kurzgeschichten unter dem Aspekt der verschiedenen Perspektiven, aus denen sie erzählt werden.

Die Hauptfiguren

1 Wer ist/sind die Hauptfigur/en der einzelnen Kurzgeschichten?

	Hauptfigur	symbolische Bedeutung
Gibs auf *Herr Böse und Herr Streit* *Weihnacht*	Ich/Ein hungriger Mensch	

2 Die Hauptfiguren dieser Kurzgeschichten haben auch alle noch etwas gemeinsam: Sie werden gar nicht beschrieben. Wir erfahren nicht, wie sie aussehen, und wir wissen wenig oder gar nichts über ihre Persönlichkeit und über ihr Leben. Was meinst du, warum?

Der Ort

1 Ergänze mit Einzelheiten über den Ort, an dem die Geschichte spielt.
   Gibs auf: ....
   Herr Böse und Herr Streit: ....
   Weihnacht: ....

2 Wie wird der Ort der Handlung in den einzelnen Kurzgeschichten beschrieben? Schreib über jede Rubrik den Titel der entsprechenden Kurzgeschichte:
   realistisch beschrieben: ....
   unrealistisch beschrieben: ....
   kurz beschrieben: ....

Der Ort der Handlung wird in all diesen Geschichten beschrieben. Der Ort spielt also offenbar eine wichtige Rolle. Die Autoren wollen dadurch eine genauere Vorstellung der Welt vermitteln, so wie sie sie sehen.

Die Zeit

Wann spielen die Geschichten? Werden in den drei Kurzgeschichten genauere Zeitangaben gemacht? Ergänze die Tabelle mit Hilfe der Zeitangaben.

> in der Nacht – am Morgen – im Laufe der Zeit

Gibs auf	Herr Böse und Herr Streit	Weihnacht

Der Inhalt

Franz Kafka bezeichnet einige seiner Kurzgeschichten als Parabeln. Etwas Ähnliches kennst du wahrscheinlich aus der Bibel. Dort stehen oft „Gleichnisse", zum Beispiel *Das Gleichnis vom guten, barmherzigen Samariter...*
Eine Parabel ist eine Erzählung, die immer eine Lehre oder eine Moral vermittelt – wie wir schon in der Analyse der einzelnen Kurzgeschichten gesehen haben. Die Parabel entwickelt sich auf zwei Ebenen: auf der Sachebene und auf der Bild- oder Bedeutungsebene. Der Leser muss die Bildebene auf die Sachebene beziehen können – oft im Verhältnis 1:1.
Könnten deiner Meinung nach auch die anderen Kurzgeschichten, *Herr Böse und Herr Streit* und *Weihnacht* als Parabeln oder Gleichnisse bezeichnet werden?

	Sachebene	Bedeutungsebene
Gibs auf	der Erzähler	
	der Polizist	*eine Person, die ihm helfen kann*
	die Stadt	
	der Weg	
Herr Böse und Herr Streit	zwei Personen im Streit	
	die Äpfel	*Geld/ Produkte/ Mittel*
	der Streit	
	der Schluss	
Weihnacht	der Erzähler	
	die Landschaft	
	das Christuskind	
	der Schluss	

5 „Wirklichkeitsgeschichten"

Dieses Kapitel umfasst fünf Kurzgeschichten. Sie wurden alle nach dem Zweiten Weltkrieg geschrieben und befassen sich mit der Wirklichkeit, die sie aus verschiedenen Perspektiven schildern.

Die Perspektive

1 Die Geschichte kann von einem Ich-Erzähler oder einem allwissenden Erzähler erzählt werden.
Aus welcher Perspektive werden die folgenden Geschichten geschildert?

	Ich- Erzähler	Allwissender Erzähler
Im Zoo		
An der Brücke		
Ein ruhiges Haus		
Ordnung		
Das Brot		

2 Auf welchen Erzähler-Typ passen deiner Meinung nach die folgenden Sätze?
Auf einen Ich-Erzähler oder auf einen allwissenden Erzähler?

☐ Die Erzählung ist subjektiv. Ich-Erzähler
☐ Die Erzählung ist objektiv.

Die Hauptfiguren

1 In zwei Geschichten sind die Hauptpersonen Frauen. In welchen? Worin unterscheiden sie sich? Trage die zutreffenden Adjektive aus der Liste in die Tabelle ein (einige haben mit den Erzählungen nichts zu tun):

Geschichte 1: Titel.................. Geschichte 2: Titel..................

– Charakter   1 ....   2 ....

– Alter   1 ....   2 ....

– Verhalten   1 ....   2 ....

> (wahrscheinlich) alt – jung – gut – bösartig – sensibel – unsensibel
> aufmerksam – stolz – kultiviert – großzügig – rücksichtslos – ehrgeizig

2 In zwei Kurzgeschichten, *Ordnung* und *Ein ruhiges Haus* treten auch Kinder bzw. Jugendliche auf. Sie sind jedoch Opfer. Warum?

In *Ordnung* sind die Jugendlichen sind Opfer, weil ....

In *Ein ruhiges Haus*, weil ....

Der Inhalt

1 Wichtiger vielleicht als bei anderen Arten der Kurzgeschichte ist bei diesen Kurzgeschichten der Inhalt. Oft will der Autor durch die realistische Erzählung einen gewissen Aspekt der Gesellschaft oder des Menschen hervorheben und kritisieren. Hier unten steht eine Liste von Themen. Was meinst du, welcher Verfasser befasst sich mit welchem Thema?

- empfindungslose Menschen ....
- heuchlerische Erwachsene ....
- die Eintönigkeit der modernen Arbeitswelt ....
- autoritäre Polizeigewalt ....
- menschliche Schwächen ....

2 In welcher/n Kurzgeschichte/n, die du gelesen hast, wird die Kritik am lautesten?

6 „Moderne Märchen"

Märchen sind gewöhnlich das erste, was wir als Kinder gelesen haben oder was uns vorgelesen wurde. Welche Märchentitel kennst du? Du kannst die Titel zuerst auf Italienisch schreiben und dann auf Deutsch.

Traditionelle und moderne Märchen

Nennen wir noch einmal die literarischen Elemente, die wir schon für die anderen Kurzgeschichten genannt haben: Hauptfiguren/ Ort/ Zeit/ Inhalt/ Ende und vergleichen wir die traditionellen Märchen und die Geschichten miteinander.

Hauptfiguren

1 In traditionellen Märchen stammen die Hauptfiguren meistens aus einer Phantasiewelt und sind oft auch symbolisch zu verstehen. Typische Gestalten der Märchenwelt sind Zwerge, Riesen, Feen und ähnliche Wesen.
Wie in den vorigen Kurzgeschichten werden auch in den traditionellen Märchen die Hauptfiguren (gleichgültig, ob sie erfunden sind oder nicht) nicht genau beschrieben; wir wissen wenig oder nichts über ihr Leben und ihre Persönlichkeit. Wir erfahren nur einige (wenige) Merkmale über die jeweiligen Wesen; oft nur eins, das die ganze Figur charakterisiert.
Als Beispiel für ein traditionelles Märchen nehmen wir noch einmal *Rotkäppchen*, ein Märchen, das wir alle kennen. Die Hauptfiguren im *Rotkäppchen* sind: das Kind, der Wolf, die Großmutter.

Welche von diesen Hauptfiguren in *Rotkäppchen* sind Wesen, die es so nur in der Märchenwelt gibt? Welche sind realistische Wesen, das heißt Wesen, die (auch) in der Wirklichkeit existieren?

	Fabelwesen	realistisch
Das Kind		
Der Wolf		
Die Großmutter		

2 Gibt es in den „Modernen Märchen" Phantasiegestalten, die im vorliegenden Buch enthalten sind? Und realistische Figuren?
Kreuze in der Tabelle an, wo wer/was vorkommt.

	Die zwei Brüder	Das Märchen vom Glück	Der Dichter und der Kaiser
Phantasiegestalten			
realistisch beschriebene Personen			

Ort und Zeit

1 In traditionellen Märchen wird der Ort zwar beschrieben, jedoch nie genau festgelegt. Dasselbe gilt für die Zeit. In Märchen bleibt die Zeit gewöhnlich unbestimmt. Deshalb beginnen sie oft mit *Es war einmal... .*

2 Das gilt auch für unsere Märchen, mit einer Ausnahme. Welcher?
   – Titel des Märchens ....
   – Zeit und Ort im Märchen ....

Daher unterscheidet sich dieses Märchen von den anderen, es ist eine Art „realistisches Märchen".

Der Inhalt

Der heutige Leser gesteht dem traditionellen Märchen viele Funktionen zu. Zum Beispiel: den Leser amüsieren; den Leser zum Träumen bringen; den Leser zum Nachdenken bringen; dem Leser andere Welten und Wirklichkeiten zeigen; den Leser belehren.

Welche dieser Funktionen könnten deiner Meinung nach die folgenden „Modernen Märchen" haben?

- *Die zwei Brüder* ....
- *Das Märchen vom Glück* ....
- *Der Dichter und der Kaiser* ....

Das Ende

In den meisten traditionellen Märchen gibt es ein Happy End. Die Leute leben dann glücklich und zufrieden.

1 Das ist aber nur bei einem der vorliegenden Märchen der Fall. Welchem?

   Titel ....

2 Welches Märchen nimmt kein gutes Ende?

   Titel ....

3 Bei welchem bleibt das Ende offen?

   Titel ....

4 Was ist dir lieber? Ein offenes „Ende", so dass du dir selbst ausdenken kannst/musst, was anschließend passieren wird? Oder ein vorgegebenes Ende?

7 „Andere" Geschichten

1 Diese Geschichten lassen sich nur schwer zu- und einordnen. Sie weisen sowohl märchenhaft-phantastische als auch realistische Merkmale auf. Trage die zutreffenden Elemente in die Tabelle ein

	wirkliche/realistische Elemente	phantastische Elemente
Mildtätig		
Märchen der Technik		
Eine Reise		

Zeit und Ort

In *Mildtätig* und in *Märchen der Technik* werden relativ genaue Zeit- und- Ortangaben gegeben, während in *Eine Reise* keine vorkommen. In dieser letzten wird der Symbolcharakter betont.

Der Inhalt

In welchen Geschichten werden direkt oder indirekt folgende Ansichten zum Ausdruck gebracht? (Vorsicht: Einige der folgenden Aussagen haben nichts mit unseren Geschichten zu tun!)

☐ Die Menschen sind böse.

☐ Die Menschen wollen allem eine Bedeutung geben.

☐ Die Menschen sollen an Wunder glauben.

☐ Die Menschen wollen immer etwas Aufregendes erleben.

☐ Die Menschen sind undankbar.

☐ Die Menschen sind egoistisch.

☐ Die Menschen sind stolz und wollen sich nicht helfen lassen.

☐ Der Mensch ist gut.

Das Ende

Alle Geschichten haben ein überraschendes Ende. Worin besteht die Überraschung? Erzähle mit eigenen Worten das überraschende Ende der drei Kurgeschichten nach.

Mildtätig   Der Türke ....

Märchen der Technik   Der Vater ....

Eine Reise   Die zwei Jungen ....